突破"不可能三角"：

中国能源革命的缘起、目标与实现路径

郑新业　著

科学出版社

北　京

内容简介

本书是对中国能源发展状况及其面临问题的一次系统梳理。随着经济的崛起,中国的能源需求总量及占世界比重不断增加,并超越美国成为世界第一大能源消费国。在此情况下,中国的能源革命势在必行。本书首先从学术角度阐述了能源革命的缘起,从七个方面详细论述了中国能源发展面临的问题,强调了能源革命的必要性和紧迫性。其次,对中国能源革命的目标进行了提炼和归纳,并对能源革命目标的五个维度进行了严密的论证,提出能源革命的"不可能三角"。最后,本书提出了能源革命的根本实现路径,即政府与市场"各司其职"。

本书的读者对象包括密切关注中国能源市场的发展状况和发展方向的学者、政府工作者、能源行业的工作者、社会评论者以及其他任何对中国能源市场感兴趣的社会成员。

图书在版编目(CIP)数据

突破"不可能三角":中国能源革命的缘起、目标与实现路径/郑新业著. —北京:科学出版社,2016

ISBN 978-7-03-047566-4

Ⅰ.①突… Ⅱ.①郑… Ⅲ.①能源经济–研究–中国 Ⅳ.①F426.2

中国版本图书馆 CIP 数据核字(2016)第 046724 号

责任编辑:马 跃 王丹妮/责任校对:冯红彩
责任印制:徐晓晨/封面设计:无极书装

科 学 出 版 社 出版
北京东黄城根北街 16 号
邮政编码:100717
http://www.sciencep.com

北京厚诚则铭印刷科技有限公司 印刷
科学出版社发行 各地新华书店经销
*

2016 年 3 月第 一 版 开本:720×1000 1/16
2017 年 10 月第四次印刷 印张:11
字数:222 000

定价:92.00 元
(如有印装质量问题,我社负责调换)

作 者 简 介

郑新业，中国人民大学经济学院教授、博士生导师，兼任经济学院副院长、中国人民大学国家发展与战略研究院能源与资源战略研究中心主任、美国布鲁金斯学会非驻会研究员。研究方向为能源经济学和公共经济学，出版英文专著一部，中文著作四部，在 *China Economic Review*、*Energy Policy*、*Annals of Regional Science*、《管理世界》和《世界经济》等刊物上发表文章近 40 篇；为国家发改委、国家能源局及地方政府和亚洲开发银行等机构多次提供决策咨询服务；还为《中国能源报》《南方能源观察》《第一财经》《南方都市报》等新闻媒体撰写专栏，并时常参与中央电视台英文频道与凤凰卫视的讨论。

前　　言

随着我国经济的崛起，我国的能源需求及比重也在不断增加，并越过美国成为世界第一大能源消费国。然而，我国能源储量先天不足，"富煤贫油少气"的能源禀赋极大地限制了我国能源的供应能力，能源市场的供需缺口不断拉大，且扩大趋势并无逆转的迹象。为保证国内能源供给，我国进口了大量的石油、天然气，但进口地区均较为集中，在国际局势动荡的情况下有较大的政治风险。对能源的高进口依存度和能源供给的不可持续性引发的能源安全问题不容忽视。

我国能源领域还存在能源价格非市场化扭曲、能源产品价格形成机制不合理的问题。管制下的低能源价格扭曲了市场供给，严重阻碍了稀缺资源的有效配置；同时还造成能源使用效率低下和能源消费结构僵化。此外，低能源价格还导致能源生产和利用过程中的负外部性成本无法内部化，巨大的能源消耗造成严重的环境污染和生态破坏，影响我国国际形象的树立和居民的生命健康。

在我国能源领域面临需求过于旺盛、供给持续不足、能源安全备受威胁、能源价格扭曲、经济结构较重，以及能源负外部性等主要问题的情况下，推动能源消费、能源供给、能源技术和能源制度四方面革命迫在眉睫。本书认为，能源革命的目标应该由确保能源供给、治理环境污染、调整经济结构、应对价格冲击、保障能源安全五个维度构成。

若从单一维度出发进行改革并不困难，但若想同时实现多个维度的改革目标几乎毫无可能。在既定条件下，很难找到一种能源结构和体制能够确保"既有能源用，又没有污染，价格还便宜"这三个目标能够同时实现，即存在某种程度上的"不可能三角"。因此，在对改革方案进行评估时，必须要对上述五个维度按照轻重缓急依次进行顺序评估，讨论改革方案能够在哪些维度解决能源领域中的问题，以实现改革目标。然后，评估出改革赢家与输家，并进一步探讨改革红利的分配方式和对输家的补偿方法。最后，对物价水平、国际竞争力、经济增长速度与地区发展等经济基本面所受到的影响也必须进行可靠的评估。

通过第二部分的具体分析，笔者认为能源革命目标的先后顺序依次为确保能源供给、治理环境污染、调整经济结构、应对价格冲击、保障能源安全。现阶段着重需要解决的问题是如何保障能源的充足供应与有效缓解环境污染。本书最后一部分从能源革命重点领域出发，探索能源革命重点领域的困境和难题，对包括煤炭、油气、电力和核能等行业的现状进行深入分析，并对各行业现有改革措施进行试评估，进而就能源革命实现途径从政府与市场改革方向展开探讨。

通过对能源革命重点领域的特点分析，以及从已有改革措施的效果可以看出，当前能源领域的计划经济色彩浓重，国家行政性垄断是产生各种能源问题的根源。行政性垄断引致价格的严格管制，市场无法有效发挥调节作用。而能源行业市场竞争机制的缺失会导致行业效率低下，长期的低能源价格既不能完全反映其成本，也抑制了企业的生产意愿，造成能源短缺现象时有发生，同时也诱发了寻租行为。而与国家过度管制相对应的是合理监管的缺失，过度的管制并未获得其预想的效果，而政府应管不管导致能源行业负外部性长期得不到纠正。长此以往，能源革命就将只是一纸空谈。推进能源革命必须从市场有效与政府有为入手：市场定位于有序竞争，形成合理价格；政府定位于监管监督，保证质量安全。二者互相配合、互相补充、互相协调。

本书的出版得到了中国特色社会主义经济建设协同创新中心资助。

本书为教育部"新世纪优秀人才支持计划资助项目（NCET-13-0583）"阶段成果。

作者感谢所有为本书提供写作建议或评论的朋友。书中观点并不必然代表作者所在单位，文责自负。

目　　录

绪论　能源革命

　　能源历来是国际政治、经济、安全博弈的焦点。伴随着全球能源消费总量的不断攀升，传统能源供应日渐紧张，能源资源竞争呈现出日渐激烈的趋势；生态环境等一些制约因素凸显，围绕碳排放的博弈仍错综复杂；可再生能源技术、分布式发展体系、智能能源网络成为能源发展的新动向。总之，世界政治经济格局发生了深度调整，世界能源格局也正在经历新的变化，在能源结构和能源技术方面发生了深刻变革。然而，作为一项重要的战略资源，能源与国际政治、经济、安全格局相互交织的状况没有改变，发达国家仍旧在能源科技上占有优势地位，我国既面临从能源大国转变为能源强国的历史机遇，也面临诸多挑战。

　　习近平总书记就我国能源安全战略发表重要讲话指出，必须推动能源消费、能源供给、能源技术和能源体制四方面的"革命"，指明了加快推进能源生产和消费革命的发展方向，并对此提出了更高的要求。"能源革命"这种提法，反映出现阶段能源、环境、经济之间的尖锐矛盾已经到了必须进行"革命"的地步，同时也彰显出国家领导人推进能源改革的决心，能源革命事关国家安全和发展，势在必行。要完成这一重大战略任务，必须建立起顺应世界能源发展趋势、符合我国发展阶段和能源基本国情的现代能源体系，努力实现能源消费总量合理控制、能源生产结构不断优化、能源运行机制完善高效，从而达到经济社会发展、能源消耗与生态环境保护三者之间的稳定平衡与良性互动[①]。

　　然而，我国能源革命更具艰难性。众所周知，我国已成为全球最大的能源消费国，快速推进的工业化和城镇化亟须能源的强力支撑，但我国的能源资源相对缺乏，而且能源问题与环境问题、发展问题交织在一起，使得能源问题成为制约我国经济可持续发展和转型升级的瓶颈。而且，长期以来，我国的能源价格由政府指导确定，不能充分反映市场供需，也没有充分考虑环境污染和不可再生能源的稀缺成本。更重要的是，能源改革历来有之，但改革力度不够且严重滞后。此番从"改革"上升到"革命"的战略高度，是否能够推动能源体系发生根本性变化、处理好能源领域政府与市场的关系、打破此前"不知道怎么改或者知道怎么改却没办法改"的局面，取决于"革命"的决心和力度，更在于对能源现状和前景的把握，在于能源革命的路线、手段和方式。

---

　　① 中国国际经济交流中心课题组.我国能源生产和消费革命势在必行[J].求是.2014，14.

　　本书从能源革命的视角出发，从能源供需、能源价格、能源与环境污染、能源安全等方面入手，全面剖析能源市场的发展现状、梳理能源市场发展面临的问题，从而揭示能源革命的必要性和紧迫性。在此基础上，对能源革命的目标及其冲突进行了探讨，认为能源革命在某种程度上存在"不可能三角"，能源革命的目标应顺次为确保能源供应、治理环境污染、调整经济结构、应对价格冲击、保障能源安全。最后，就能源革命重点领域，包括煤炭、油气、电力、核电和政府监管等领域的改革方向、改革目标和改革路径逐一展开深入分析。本书认为当前我国的重要能源政策包括能源利用清洁化、价格形成合理化和政府监管科学化。能源利用清洁化主要指煤炭的清洁利用，在电力行业，节能调度和竞价上网是降低发电煤耗、提高发电效率的重要措施。价格形成合理化指能源价格在反映其成本、遵循市场规律的基础上，政府应对环境污染等负外部性成本进行纠正，采用全成本定价、进行输配电成本核算和监管是可行的政策措施。政府监管科学化是指政府仅对市场失灵的部分进行干预，完善其政策和监管职能的主体地位，加强能力建设。

　　自"能源革命"提出之后，各方从不同角度出发对能源革命内涵进行了各种各样的解读，但鲜有对能源发展现状和前景的全面的、深刻的把握，也缺乏对能源各领域改革有针对性的建议。本书试图填补这一空白，从而全面把握能源革命的背景、困难和方向，为能源革命提供切实可行的政策建议。

第一部分　能源革命的提出：缘何革命

自 2014 年 6 月，中共中央总书记习近平在中央财经领导小组第六次会议中提出推动能源消费、能源供给、能源技术和能源体制四方面的"革命"以来，"能源革命"成为时下热点话题之一，并成为各大媒体、研究机构频繁解读的对象。然而为何在我国经济已经高速发展了三十多年的今天，国家领导人还要提出"革命"一词？当前我国能源领域的总体概况到底是怎样的，我国能源发展到底面临着怎样的困境，"能源革命"的对象到底是谁，我国能源到底"缘何革命"，接下来我们对我国能源发展面临的问题做简要介绍。

第一，能源供给压力大。一方面我国经济快速增长，对能源的需求也迅速上升。2000 年以来我国能源需求的年均增长率在 7.9%，到 2013 年能源消费总量已经达到 37.5 亿吨标准煤，且该数据还在不断上升。根据 EIA（Electronic Industries Association，即电子工业协会）、IEA（International Energy Agency，即国际能源署）等世界能源机构的研究成果，普遍预测到 2020 年我国能源需求将达到 50 亿吨左右。另一方面，我国资源禀赋呈现"富煤贫油少气"的基本特点，人均资源占有量远低于世界平均水平。产量的增长跟不上需求的膨胀，为了满足国内需求，我国分别在 1993 年、2006 年和 2009 年成为石油、天然气和煤炭的净进口国，且进口总量持续上升。

第二，经济结构重。长期以来，我国经济结构以第二产业为主，经济增长走的是高耗能、高污染之路。从国际经验来看，高收入国家、发达国家第三产业在经济中的比重普遍高于 70%。而我国目前不到 50%，工业比重仍然高达 40% 以上。经济结构重化直接导致能源消费结构的重化。我国工业能源消费占能源消费总量的 70% 以上，工业部门内部的重化倾向明显，六大高耗能行业用电量占工业用电量的比重大体维持在 63%。经济结构的重化加深了能源消费的结构固化，不利于我国能源发展的转型。

第三，能源消费本身对环境和健康具有负外部性。我国以煤炭为主的能源生产和消费给环境带来了巨大的破坏，造成大气污染、水污染、土地塌陷等一系列的环境问题。严重的环境污染已影响了我国居民的健康，引致了巨额的卫生开支，导致了健康与财富的双重损失。

第四，能源价格扭曲。我国能源价格受我国现有能源体系和经济结构的影响，未能反映资源的稀缺性和能源消费的外部性，能源的总体价格水平偏低，进而导致社会对能源需求过量。这不仅造成了巨大的浪费，也对我国经济结构的调整和生态环境的改善造成阻碍，并严重制约了稀缺资源的有效配置。

第五，我国能源安全备受威胁。2000~2013年，我国能源供给虽然保持稳定增长，进口比重维持在10%以下。但能源缺口绝对值却从1.0亿吨标准煤上升到3.5亿吨标准煤，对石油的进口依赖尤其严重。2012年，我国石油的进口比重为58%，预计到2020将高达60%，而国际警戒线为50%。另外，能源投资不能满足消费的需要。能源行业具有资本密集、技术密集、不确定性大的特点，近年来我国能源投资在社会总投资中的比重下降，波动剧烈，长期难以满足我国能源消费需要。

第六，我国能源利用效率低，能源强度高。虽然我国能源强度下降幅度很大，但比起发达国家和世界平均水平仍有一定差距。2012年，我国单位GDP能耗是世界平均水平的2.48倍，是OECD（Organization for Economic Cooperation and Development，即经济合作与发展组织）国家的4.7倍，且能源效率低下受制于能源消费结构过"黑"和经济结构过"重"，短时间内难以改善。

由于我国能源面临着供给压力大、经济结构重、负外部性、能源价格扭曲、能源安全威胁、能源强度高等重大问题，而且在现行能源体制下，这些问题难以得到改善，"能源革命"迫在眉睫。

后文中笔者将逐一介绍能源供给、能源需求、经济结构、能源的负外部性、能源价格、能源安全、能源强度七个方面的问题，以对我国能源现状有整体把握，并回答我国能源缘何革命的问题。

专栏　国际能源形势

从国际上来看，近年来能源形势主要呈现出能源价格下降、能源国际合作不断深化、能源新技术有所突破的格局。

首先，原油价格不断下降。受美国页岩油气革命、全球经济低迷、国际石油供应增加、东欧地区的地缘政治危机，以及沙特阿拉伯为保市场份额增产降价和美元走强等一系列因素的影响，自2014年6月开始，国际原油价格一路下滑。布伦特原油期货价格从2014年5月31日的每桶120.02美元降至2015年1月30日的每桶46.4美元。

较低的油价对美国加速经济恢复，释放其他领域消费需求，增强美国市场购买力有正向的影响。同时，国际油价的持续下跌将促进我国短期经济发展，降低我国油气改革的成本和石油战略储备成本，但对新能源产品出口、煤化工业发展和非常规油气开发也有一定程度的抑制。

其次，国际天然气期货价格也在2014年出现持续下滑。在过去几年中，由于天然气的高价格以及美国页岩革命的推动，世界范围内的天然气供应充足；而国际市场需求却较为疲软，受可再生能源补贴的影响，欧洲的天然气需求不断被挤压。目前世界各地的天然气开发计划都已延期，而我国出于对能源安全和就业方面的考虑，仍在积极推进开发计划。一旦我国在天然气产量上有重大突破，国际天然气市场上的需求将继续下降，价格还会继续下降。

再次，能源国际合作在近些年不断深化，世界多元化、跨地区的能源合作已成为常态。2013 年 9 月和 10 月，国家主席习近平提出建设"新丝绸之路经济带"和"21 世纪海上丝绸之路"的战略构想。在此契机下，我国和俄罗斯以及中亚的能源合作进一步深化。2014 年 5 月和 11 月，中俄分别签署 4 000 亿美元的东线供气合同和 300 亿立方米西线供气合同。2014 年 9 月 13 日，中国—中亚天然气管道 D 线开工，为我国开辟了进口中亚资源的新通道。另外，我国与中东、非洲等地区继续保持良好的能源供给合作，与美国、北欧等地的技术交流也愈加频繁。欧洲等地区也通过国际能源会议积极探讨多元化的能源合作问题，力图保障本地区的能源安全。2015 年 2 月，以"保障能源供应安全；建立完全一体化、具有竞争力的内部能源市场；降低能源需求，提高能源效率；加强可再生资源的利用；加强研究、创新以及发展绿色技术"为原则的欧盟能源联盟正式启动。

最后，能源新技术突破体现在各个方面，并以美国页岩气最为突出。数据表明，2000~2013 年，美国页岩气年产量从 117.96 亿立方米上升至 3 025 亿立方米。而且，随着页岩气水平井和水压裂等能源新技术的重大突破和广泛应用，与页岩气伴生的页岩油产量也极大增加。自 2004 年以来，美国本土原油产量增长了 56%，在美国传统油田正常产量外，每天新增产量达到 310 万桶。新能源技术、核能技术等也是世界关注的重点，俄罗斯、加拿大和日本等国近年来在"可燃冰"调查勘探和开采试验中取得了较大的进展。不断推进的能源新技术有效提高了能源效率，促进了社会生产、生活的进步。

一、能源供给

能源是一种稀缺要素。对于世界第二大经济体中国来说，庞大的经济运行需要源源不断的能源输入，需要稳定的能源供应体系作为经济发展的坚实后盾。然而我国能源供应并不乐观，尽管供应稳定增长，但却跟不上需求的增长，尤其在油气资源方面。为了跟上消费增长的步伐，必须在能源工业部门进行大量投资，这是社会为保障能源供应所要付出的必要代价。

（一）能源供给压力持续增大

我国能源需求快速增长，但国内供应能力有限，能源供应长期紧张，所以必须通过大量进口来满足国内能源需求，进而导致我国能源对外依存度不断升高，能源安全问题也变得日益严峻。我国分别在 1993 年、2006 年和 2009 年成为石油、天然气和煤炭的净进口国, 且进口总量持续上升。因此, 能源供应紧张的局势在短期内难以缓解。从图 1-1 中可看出, 实线和虚线之间的间距不断增大, 这表明进口能源总量不断上升。2000~2013 年, 我国能源供给虽然保持稳定增长, 进口比重也维持在 10%以下。但能源缺口绝对值却从 1.0 亿吨标准煤上升到 3.5 亿吨标准煤。

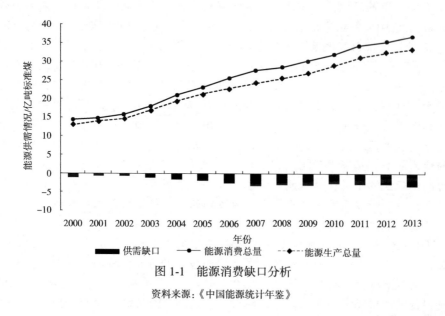

图 1-1　能源消费缺口分析

资料来源:《中国能源统计年鉴》

　　具体到能源品来说, 在煤炭方面, 由于我国的煤储存量丰富, 绝大部分都能实现国内直接供应。2012 年, 国内的煤炭产量超过 95%, 相应地, 仅有不到 5%的煤炭来自进口。在天然气方面, 绝大部分的供给来自国内生产, 剩下大约 15%的缺口依赖于进口。相比较而言, 石油的缺口十分严重, 进口比重高达 56%, 见图 1-2。

　　从能源品的生产来看, 我国能源生产增长速度较快。1980~2010 年, 煤炭生产的年平均增长率为 8.62%, 远远高于 3.52%的世界平均水平。煤炭本身是一种相对不清洁的能源形式, 由于对清洁环境的偏好, 发达国家并不倾向于大量使用煤炭。从图 1-3 中可以看到, OECD 国家的年平均煤炭生产增长率仅为 0.07%。在原油和天然气方面, 印度的能源供应居于突出地位, 其产量的增长率分别为 7.16%和19.22%。相对而言, 我国的原油和天然气供应势头并不强劲。其中原油的增长率仅有 3.22%, 远远达不到能源需求的平均增长率 7.9%; 与此同时, 石油的消费比重还具有上升的趋势, 造成了我国石油对外高依存度的局面。而天然气的供应增长率约为 9.92%, 但与印度相比, 我国天然气的供给显然滞后很大一截。值得一

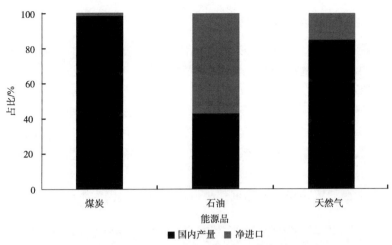

图 1-2　2012 年我国能源生产与进口结构

资料来源：《中国统计年鉴》

提的是，我国的电力供应相当充足，1980~2010 年，我国的电力增长率达 14.34%，超出同期印度近 4 百分点。事实上，作为一个高速发展的国家，为了保持良好的发展状态，我国必须保持高于世界平均水平的能源生产增长率。但无奈的是我国是一个"贫油少气"的国家，人均保有量远低于世界平均水平，这给我国未来的发展提出了严峻的考验。

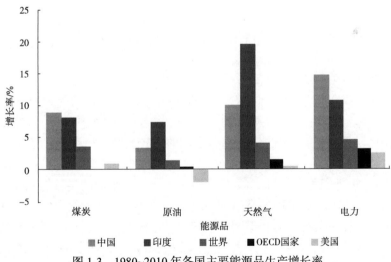

图 1-3　1980~2010 年各国主要能源品生产增长率

资料来源：IEA

（二）能源供给结构以煤为重

从一次能源生产来看，以煤为主的供给结构难以优化，见图1-4。1980~2013年我国的煤炭生产比重基本在70%以上，保障了绝大部分的煤炭供应，可以说煤炭生产在我国经济飞速发展的历程中功不可没。而作为一个"贫油少气"的国家，我国的天然气和石油供应的增长潜力并不大。在总体供给结构中，石油的比重不断下降，从1980年约25%下降到2013年的10%左右。此外，国内的石油资源也日益枯竭。被称为"共和国长子"的大庆油田，目前开采的综合含水率已经超过了90%。再从天然气来看，尽管在国家政策的强力支持下，天然气的比重略微上升，但其在能源消费结构中的比重甚小，2013年仍然仅为4.6%。

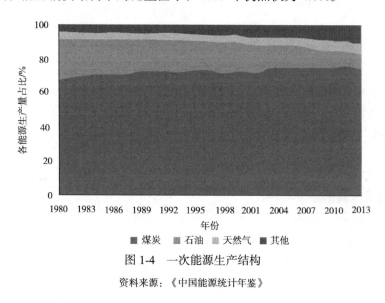

图1-4 一次能源生产结构

资料来源：《中国能源统计年鉴》

从资源禀赋上看，我国能源资源的储量并不高，并且与美国存在很大的差距，见图1-5。我国一直以来被认为是一个"贫油少气"的国家，石油储量仅占全球的1%，但美国的石油储量却占据全球的2.1%。因此，我国作为世界第二大经济体，在石油能源独立上居于不利的地位。另外，我国天然气储量也仅占全球的1.7%，远低于美国的4.5%。所幸的是我国主要依赖的化石能源煤炭的储量占到全球的13.3%，而美国却高达27.6%。如果再考虑我国巨大的人口基数，人均储量更显得捉襟见肘，远低于世界平均水平。根据2013年《BP世界能源统计年鉴》，我国煤炭储量虽大，但人均储量仅为世界平均水平的69.4%；石油和天然气总体储量已经很低，人均石油和天然气的拥有量更是仅相当于世界平均水平的

5.2%和8.9%。能源禀赋的不足，为我国未来发展埋下了不确定性的隐患。

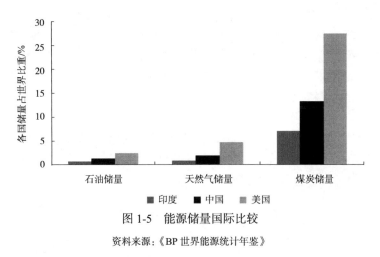

图 1-5　能源储量国际比较

资料来源：《BP世界能源统计年鉴》

事实上，煤炭本身是一种相对使用效率低、不清洁的化石能源。美国虽然拥有极度丰厚的煤炭资源，但其能源使用效率和清洁化、低碳化程度较高。我国出于自身发展条件的考虑，选择煤炭既是主动发挥自身优势，也是一种被动接受。

另外，我国能源资源的开发难度也在加大，原因之一是由于部分能源资源分布在地理地质条件较为恶劣的地区，现有技术无法开采或造成大量浪费。例如，我国的非常规油气资源，如页岩油、页岩气大多分布于地质条件复杂的地区，同时能源开采的技术尚未达到大规模开发利用的程度，并且关键的技术需从国外引进，目前产量只占能源生产总量的很小一部分。此外，我国对一些能源资源的开发已逼近可持续发展的警戒线，难以进行大规模增产。目前，我国煤炭产量已超过35亿吨，而研究表明，在生态环境和水资源承载能力范围内我国煤炭资源的科学产能不宜超过38亿吨，若按目前每年增加1亿多吨的产能发展下去，将很快进入可持续发展的警戒区。我国东部地区的主力油田也已进入高含水、高采出阶段，稳产的压力大大增加。

目前有一种声音，认为新能源将是能源革命的主力所在。但以此推动能源供给，如以大力发展新能源为主的能源改革作用有限。2000年以来，我国可再生能源开发利用量显著上升，至2010年，我国水电发电量为722.2吉瓦，风力发电量上升到31.07吉瓦，光伏发电量为890兆瓦，生物质和垃圾发电量为16.1吉瓦。但是，与世界部分国家相比，我国可再生能源的开发利用规模很小。从可再生能源发电量占总发电量的比重来看，2010年我国可再生能源发电量占比为20.8%，OECD国家平均可再生能源发电量占比为38.0%，而加拿大、法国和挪威等国家的可再生能源发电量占比更是超过了70%。将我国新能源发电量与每年新增电力需求作比较，一方面在高强度的政策支持下，我国的新能源发电量实现了一定的增长，从2001年的183亿千瓦时上升到2012年的2 054亿千瓦时。另一方面，我国的电力需求总体上呈现出上升趋势，并且都高于新能源所贡献的发电量。具体来看，在2007年以前，我国新能源发电量未超过当年新增用电量的20%；2010年和2011年,新能源发电量占全社会新增用电量的比重分别为23%和32%；2008年、2009年和2012年，由于全社会当年新增用电量较少，新能源发电量满足了40%以上的新增电力需求，尤其在2012年，新能源发电量满足了78%的新增电力需求。但是,从新能源发电量和全社会新增用电量的历年趋势来看(图1-6)，新能源发电量在满足电力需求方面的作用是有限的。

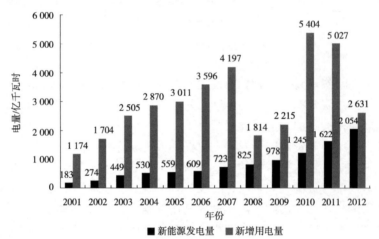

图1-6　新能源发电量与新增用电量的比较

资料来源：《中国电力年鉴》

专栏　国际能源结构演化的规律与启示

　　能源产业在一国的工业化和经济发展中起着至关重要的作用。工业革命以来，全球能源需求快速增长，能源消费结构不断演进。伴随着资源开发、技术进步和产业结构变迁，主要经济体的能源结构均经历了煤炭替代传统薪柴、石油替代煤炭和当前的化石能源为主、多种能源互补的动态调整过程[①]。这个转型过程既是一国经济社会发展的自然需求，也离不开政府的前瞻性引导。中国正处于经济结构

[①] 邓郁松.国际能源结构演进之启示[EB/OL].中国经济新闻网, http://www.cet.com.cn/wzsy/gysd/1537842.shtml, 2015-05-12.

调整的关键时期，资源环境矛盾日益突出，能源结构优化对提高能源利用效率、改善环境质量等都具有重要意义，是实现"两个一百年"奋斗目标的前提。因此，本专栏总结了国外能源结构演化中的经验启示，厘清能源结构调整背后的主导因素，以期对中国能源结构调整给出建设性意见。

1.能源结构演化的内在规律

资源禀赋是基础。任何国家的发展都无法脱离自身的要素禀赋。对于自身资源丰富的国家，能源结构具有很大的灵活性，经济发展的约束更少。例如，美国拥有丰富的煤炭、水资源，以及大型纺锤形油田，能源调整的手段和方法更多样。相反，对于一个资源匮乏的国家，就必须从国家能源安全与经济可持续发展的战略高度出发，制定相应的能源政策。例如，韩国作为一个石油、天然气完全依赖进口的国家，为了保证国内的能源需求，采取了开发海外资源，在国外建立能源和矿产品生产基地，制订原油储备计划的方法。另外，资源禀赋的变化、新的能源品的发现与利用也会影响到能源结构的调整。以英国为例，能源结构调整的成功更多是依赖于北海油田的发现，它提供了英国近半的能源需求。

技术升级是决定因素。每一次能源结构的调整都离不开技术水平的提升。新技术可以使能源开发成本更低廉、规模效应更显著。例如，铸造、冶金、焊接技术的突破导致天然气产业蓬勃发展，在运输管道等基础设施建立完善后，天然气逐步呈现充足、廉价的供应态势。技术进步还可以使原本被淘汰的能源重新获得青睐。例如，煤炭清洁利用技术以及煤电的"近零排放"使煤炭成为环境友好型资源，重新得到重视。同时，技术进步可以使原先无法利用的能源产生巨大的经济效应，典型的就是风能和太阳能的利用，页岩油气开发同样得益于水力压裂等核心技术的创新突破。可见，每一次能源品的转换都有先进技术在背后推动。

经济结构变动是动力。从长期来看，伴随着经济结构升级，能源结构调整总体上朝着以优质、清洁的能源产品替代相对"劣质"的能源产品的方向进行。经济发展的不同阶段，第一、第二、第三产业所占比重会发生变化，相应的能源需求也会改变。农耕社会以第一产业为主，对能源的需求不大。进入工业社会后，第二产业逐渐占据主导地位，工业革命促进现代机器工业发展，需要大量钢铁，对能源需求不断加大。以美国为例，电力和内燃机的使用刺激了钢铁工业的发展，对石油的需求越来越大。再看韩国，20世纪70年代以后其发展中心转为重工业，对石油的需求进一步增加，而本国煤炭无法自给，促进了韩国石油储备计划的制订。随着经济的进一步发展，第二产业的比重下降，以服务业为主的第三产业占比超过其他产业，此时对钢铁、化工等高能耗产业的需求下降，对石油、天然气等享受型能源的需求上升，对低碳化生活的需求强烈，推动产品结构和产业结构向低碳、可再生和无污染方向发展。此外，新产品甚至可以创造需求。典型的就是汽车、卡车的面世，其销量快速增长加大了对石油的需求，当下新能源汽车的普及也促进了对电力的需求。

价格变动促进能源多元化。价格因素主导能源结构的调整，只有具有了价格竞争力，能源产品才能在能源结构中占有主导地位。石油之所以取代煤炭，关键在于石油价格相比煤炭更具有竞争力。1948~1973 年，国际原油价格上涨不足 40%，远低于同期其他大宗商品和工业品的价格涨幅。正是由于低廉的油价，全球石油消费量出现了大幅增长。但随后的石油价格危机致使各国经济严重受创，给各国，尤其是石油进口国敲响了警钟，各国能源结构开始从单一向多元转变。以联邦德国为例，其政府一方面通过提高燃油税等措施鼓励居民和企业节约能源，降低能耗；另一方面努力进行结构调整，加速研发石油替代能源，鼓励开发和使用可再生能源，减轻对进口石油的依赖程度。

2.调整能源结构的外在措施

观察各国能源改革经验，可以看到各国政府在能源结构调整中都发挥了很大的作用，采取多种措施来引导和保障能源改革顺利推进。

一是通过法律法规的建立为能源结构调整提供依据。纵观每个国家的能源改革历史，都伴随着相关法律的颁布。20 世纪 70 年代美国调整能源战略，为减少对石油的过度依赖，实现能源多元化，保证能源安全，先后颁布了《能源政策与节约法案》《全国能源政策》《能源安全法案》等。现阶段为了应对能源安全、气候变化和能源供求偏紧的新局面，各国倡导清洁能源的利用，颁布了相应的法律法规。例如，美国颁布的《国家能源政策》《能源政策法》《能源独立和安全法案》《美国清洁能源与安全法》；2012 年日本通过的《可再生能源法案》；德国颁布的《电力输送法》《可再生能源法》；等等。

二是基于行政管制直接控制能源消费。直接管制政策依靠行政力量强制执行，能够更快地达到预设目标，在短期内效率更高，具有投入少、见效快、影响大、效果显著等特点。直接管制政策包括能源产品标准、污染物排放标准、能耗标准、能源使用许可证、价格管制和进出口许可证等。例如，明治和大正年间，日本进行产业革命所耗用的燃料是本国生产的煤炭。在此期间，日本加强煤炭管理，制定严格的污染物排放标准制度限制城市的煤烟污染。在工业上升期，日本需要进口大量石油，此时政府以产业准入政策选择性扶持部分国内石油生产企业和流通企业，抑制国内其他企业和国外企业竞争，以保证国内石油产品供给。此外，全球已有 100 多个国家和地区有效地实施了能效标识制度，其中大多数都是由政府直接组织实施并且是强制性的。通过实施能效标准，各国成功减缓了对能源需求的增长势头，减少了二氧化碳的排放，推动了节能产品的市场转化。

三是基于市场手段引导市场参与者的行为。基于市场的干预政策，通常是依托价格这个调节机制，充分利用市场参与者依据价格决定生产或消费行为的特点，引导市场参与者的行为与政策目标一致。这类政策对市场的影响更透明、更可预见，有利于预设目标的实现，甚至帮助制定或修正预设目标。以德国为例，1991 年德国颁布实施了《电力输送法》，开始建立促进可再生能源发电的固定电价制度；

2000 年颁布的《可再生能源法》，进一步完善了上网电价制度。明确的上网电价给可再生能源投资者提供了稳定预期和激励。政府还可以通过补贴和税收政策来发挥价格的杠杆作用，影响生产者和消费者的决策，从而调节各个能源产品的消费水平和整体能源结构。例如，美国通过税收减免和直接补贴等手段鼓励技术创新，通过提高燃油税限制石油的使用，等等。

四是通过开展节能教育鼓励民众积极参与。低碳化是未来社会发展的方向，针对民众进行生态保护、低碳生活等方面的环境知识教育，可以提高整个国家的低碳环保意识，从而推动本国的节能减排事业。英国、法国、日本、新加坡等国都建立了跨部门的负责机构来全盘规划，协调沟通，确保各部门的配合。例如，新加坡的教育部负责推广环境教育课程，环保局则担任大众节能意识教育者，并组织到焚化厂、掩埋场、气象监测站开展学习活动等。同时，各国还设计全国性的计划方案，解决节能减排教育开展的地区不均衡问题，形成全国开展节能减排教育的热潮，并通过修订统一的教材保障学校循序渐进的开展减排教育，如加拿大的"节能减排：1~12 年级教师手册"、瑞典的 PEAK 教材。

专栏　我国能源结构演化历程

1.新中国成立后（1949~1977 年）：工业迅速发展，工业部门成能源大户

新中国成立以来，在工业五年计划的有效指导和实施下，我国以重工业为特征的工业体系逐步建成，伴随工业的迅速发展，能源生产总量和消费总量总体也呈现波动式上升趋势。"大跃进"时期我国进入了全民炼钢炼铁的时代，在超英赶美的号召下，我国能源生产和消费在 1958~1959 年有极速的增长，甚至在 1958 年有高达 101.25% 的生产增速，见图 1-7。此后，能源生产增长速度和消费增长速度恢复至较为正常的水平，并在 1967 年后出现了持续增长的现象。事实上，我国此阶段能源消费量的快速持续增长与快速的工业化进程分离不开，工业部门成为我国的能源消费大户。

（1）资源禀赋实现煤炭选择，石油开采催生品种演变。

新中国成立以来，煤炭因其丰富性和易获得性成为我国带动和支持工业化进程的首选能源，是我国此阶段能源生产和能源消费最主要的来源，总体来说，随着石油等其他能源的开采和利用，煤炭的消费比例有所下降，但其主体地位仍是此阶段最明显的特征。

以新中国成立初期为例，煤炭无论是占能源生产量还是能源消费量都高达 96% 的水平。事实上，新中国成立初期我国对能源矿产资源勘探的经验，以及对能源矿产分布的规律缺乏系统的认识，加之技术水平较为落后，我国对自身资源的储量和可采用量并不清楚。由于新中国成立初期经济基础薄弱及西方国家的长期封

图1-7　1949~1977年我国能源生产和消费

资料来源：国家统计局

锁，在新中国成立后的 20 多年中，我国的能源发展几乎全部建立在国内探明可用的资源基础上。在那个特殊的历史时期，由于经济发展的需要和资源禀赋的限制，我国形成了以煤为主、相对独立的能源发展体系。

我国煤炭使用比例长期处于能源生产和能源消费 90%以上的高位现象，直到 20 世纪 50 年代末大庆油田和胜利油田等一大批东部油田成功发现后才有所缓解。这批油田的发现，使我国从贫油国转变为世界的主要产油国，到 1978 年，我国石油实现了自给自足，甚至有少量石油出口至海外。大庆油田和胜利油田等所处的东部地区较西北地区相比，交通更为便利，工业基础更好。后来由于工业发展对石油的大量需求，原油的生产量占能源生产量的比例从新中国成立时的 0.7%，增加至改革开放前的 24.7%；煤炭生产量比例从新中国成立时的 96.7%降至改革开放前的 69.6%，见图 1-8。

（2）工业计划下经济迅速增长，工业部门成为能耗消费大户。

自 1953 年第一个五年计划开始实现以来，我国工业得到了迅速发展，以工业部门为首的第二产业创造的国民生产总值攀升至三个产业之首，以能源消耗为特征的工业部门也因此成为了我国能源消费大户。计划化是推动工业化和资本积累的重要途径，这一时期国家和政府对我国的能源生产、分配和供应进行统一的计划管理。在传统发展战略的引导下，优先发展重工业和轻工业，对初级产品进行出口，采取进口替代工业化的策略，这种粗放型的经济模式使我国经济得到了一定的增长，与此对应的能源生产方式也是粗放型的。在工业化的战略指导下，第二产业增加值对国民生产总值的贡献率从新中国成立时的 20.88%发生了极大的变化，增加至 65.47%，产业结构从"一、三、二"逐渐演变成"二、三、一"，见图 1-9。由于第二产业单位 GDP 能耗较第一、三产业更大，综合当时较为落后

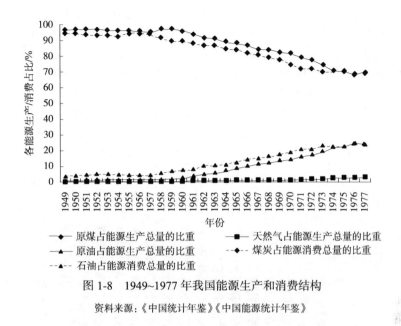

图1-8　1949~1977年我国能源生产和消费结构

资料来源：《中国统计年鉴》《中国能源统计年鉴》

的技术水平，能源利用效率不高，因此，从部门能源消费结构角度来看，快速发展的第二产业是使能源消费总量快速增长的消费大户。

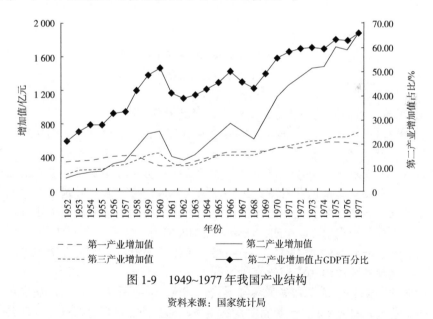

图1-9　1949~1977年我国产业结构

资料来源：国家统计局

事实上，新中国成立初期，由于生产供给能力不足、能源供应不足，我国陷入能源短缺的困境，但是，以能源供给能力快速释放为特征的粗放型增长模式一定程度上缓解了新中国成立初期的能源短缺现象，并使经济得到了明显增长，而这种经济增长是建立在对能源高度依赖的基础之上的。

2.改革开放初期（1978~1993 年）：自给自足到多元化的初期探索

改革开放初期，我国提出实现能源自给自足，这是我国能源发展战略的初期探索阶段，这个时期的主要指导思想是扩大能源供应，解决煤炭、电力等能源供应的短缺问题。在改革初期，我国能源生产总量和消费总量持续攀升，并且在当时及时弹性调整的方针政策引导下，实现了供需基本平衡，见图 1-10。

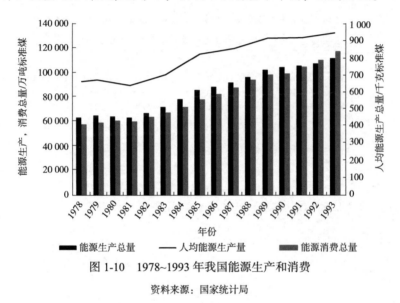

图 1-10　1978~1993 年我国能源生产和消费

资料来源：国家统计局

（1）出口石油强化煤炭地位，提出能源品种多元化。

20 世纪 80 年代，我国每年有 25%的原油用于出口海外，一方面是遵循"石油换外汇"的战略，希望通过石油出口增加外汇储备，进而实现对外开放，这个现象在后来大量纺织品得以生产出口才有所减缓；另一方面则是希望用石油换取先进技术。在出口石油的背景下，为满足国内能源消费需求，我国政府采取了以煤代油的政策，使煤炭在我国能源供应体系中的地位增强，并同时提出多种能源形式共同发展。由图 1-11 可见，原油占能源生产总量百分比有所下降，从 1978 年的 23.7%下降至 1993 年的 18.7%；而煤作为主要的能源来源仍占 70%左右的百分比，其他形式能源的比重稍微有所上升。

1980 年，我国成立了国家能源委员会，同年，邓小平指出能源发展在经济发展中的重要性，他曾说："一是能源，包括煤、电、油、水利、沼气、太阳能、风力。要全面进行研究、规划。现在越来越看得清楚，能源问题是经济的首要问题，

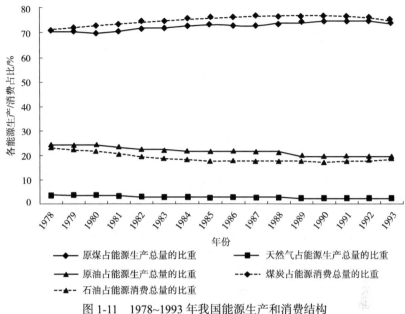

图 1-11 1978~1993 年我国能源生产和消费结构

资料来源：国家统计局

能源问题解决不好，经济建设很难前进。"[①]1988 年，我国成立了能源部，希望通过科学的规划和行政手段解决改革开放所带来的日益增长的能源需求问题。能源部组织编制的《我国能源工业中期（1989—2000 年）发展纲要》，明确提出贯彻开发和节约并重的方针，努力改善能源的生产结构和消费结构，能源发展要以电力为中心、以煤炭为基础，积极发展石油、天然气，大力发展水电，稳步发展核电，同时加快农村能源及电气化建设的基本方针[②]。

（2）重轻工业持续高速发展，生活用能比重有所增加。

在改革开放初期，我国开始实行出口替代工业化，在 1978~1993 年，总体来说，第二产业对 GDP 的贡献率仍位居三个产业之首，1980 年更是高达 86.6%。在这个时期，家庭联产承包责任制的实行使以农业为首的第一产业得以成功地在改革中发展，其对 GDP 的贡献率也有波动性变化，1982~1984 年，第一产业对 GDP 的贡献率高达 20% 以上，尽管如此，此阶段，第二产业对 GDP 的贡献率的首席地位仍是难以动摇的，见图 1-12。

1980~1985 年，能源的行业消费结构较为稳定，工业为终端能源消费的用能

① 邓小平. 就起草《关于建国以来党的若干历史问题的决议》、编制长期规划等问题的谈话[R], 1980.
② 能源部.我国能源工业中期（1989—2000 年）发展纲要[R], 1988.

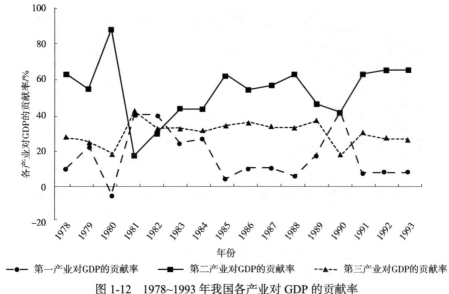

图 1-12　1978~1993 年我国各产业对 GDP 的贡献率

资料来源：国家统计局

大户，约为 50%；其次为生活消费，并在此期间的占比有所增加，从 1980 年的 34.77%增加至 1985 年的 38.1%；而农、林、牧、渔业，交通运输业则分别以 6%~7% 和 4%~5%居于第三、第四位。

　　改革开放使我国的生产力得到了真正的释放，能源行业的供应能力也随之 不断增强，能源供应紧张的局面得以缓解，有些行业甚至出现了产能过剩的现 象；然而，在改革开放的进程中，随着我国重工业、轻工业的快速发展，工业 部门能源消耗的比重迅速上升，1980~1985 年终端工业能耗占终端能源消费总量 接近 50%，其中重工业耗能约为终端能源消费总量的 35%，轻工业耗能约为 14%。 在此基础上，工业在随后的几年仍有很明显的增长，随之而来的能耗也更大，其 占终端能源总量百分比更高。以 1993 年为例，终端工业能耗占终端能源消费总 量高达 67.76%，极快的工业化发展，工业对石油的极大需求刺激，可能加速导致 了我国在 1993 年以后无可避免地由石油净出口国转变成为净进口国。

　　3.调整稳定（1994~2002 年）：改善产业结构、改善能源结构

　　在 1994~2002 年，我国能源生产总量和能源消费总量的增长速度较为平稳， 依然呈持续增长趋势，但能源消费总量大于能源生产总量，出现能源短缺现象， 这种短缺现象来源于改革开放以来经济的高速发展所带来的对能源的消费需求扩 张，见图 1-13。在能源需求日益增长的背景刺激下，随着对外开放的不断深入和 扩大，我国从原来自给自足的能源战略，开始转变尝试借助国际能源市场交易进

而调节国内市场能源供需矛盾，从而解决由于经济进一步发展而伴生的对能源的
大量需求。

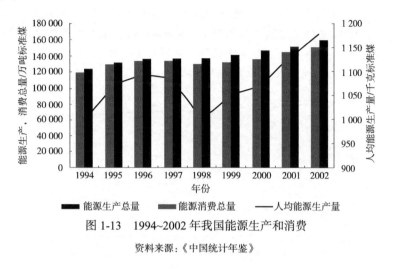

图1-13　1994~2002年我国能源生产和消费

资料来源：《中国统计年鉴》

（1）"富煤贫油少气"局面形成，环境压力迫使用能结构优化。

经过近50年的勘探能源矿产，经历从石油净出口国到石油进口国的转变，我国"富煤贫油少气"的资源禀赋局面大抵形成。相比煤的储存量和可采用量，石油和天然气相对更少。在资源禀赋的作用下，我国成为世界上少数以煤为主要能源的国家。资源禀赋对能源的消费结构有一定程度的影响，尽管煤在能源生产总量和消费总量上的占比从新中国成立时96%的高位，已经下降至70%，但这一数字仍居于世界首位，是极为罕见的。

由于煤的污染性及利用效率不高，之前以能源产业带动的经济，给我国在环境和产业结构等问题上留下了较为严重的后遗症，甚至会制约未来经济的进一步发展。于是，1994年的《中国21世纪议程》开始提出可持续发展战略，强调提高能源效率和节能的关键途径，能源政策调整提倡优化能源消费结构、鼓励消费清洁能源。同时，原来以煤为主的能源发展战略也正式逐步转为多元化的能源发展战略。

（2）产业结构亟待优化调整，交通运输用能明显增长。

为了进一步解放生产力，我国在改革开放的中期阶段开始实行社会主义市场化改革，提出社会主义市场经济体制的建立。而这个时期，在我国能源发展史上，属于战略的调整稳定阶段。在社会主义市场化的契机下，开始注重能源产业内部结构调整和发展质量的提升，从而带动提升能源产业可持续发展能力。

以电热当量法来比较1994~2002年煤炭、石油、天然气占能源消费总量的比重，煤炭从1994年的79.5%逐步下降至2002年的71.5%，而石油则从16.2%上升

至 23.4%，天然气的比重并无太大变化，见图 1-14。这个改变可能得益于多元化的能源发展战略，也可能与产业结构的调整和交通运输业在这个时期的急速发展有关。在这个发展阶段，第三产业发展迅速，其对 GDP 的贡献率在 10 年间增长了 12.6%，从 1994 年的 25.5%上升至 2002 年的 45.7%，2001 年其贡献率达至 48.2%的高峰，超过第二产业对 GDP 的贡献率，见图 1-15。增值更多、耗能更少的第三产业在这期间得到迅速发展，使能源结构有所改善。

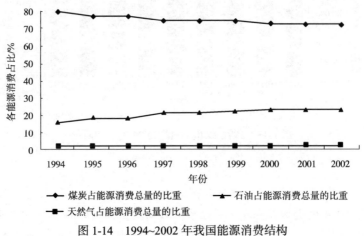

图 1-14　1994~2002 年我国能源消费结构

资料来源：国家统计局

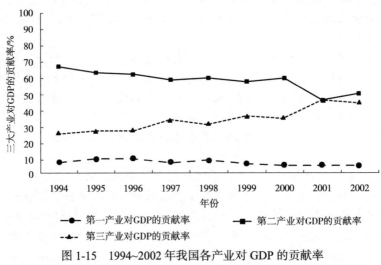

图 1-15　1994~2002 年我国各产业对 GDP 的贡献率

资料来源：国家统计局

在这个阶段，工业耗能依然是耗能大户，且长期在 70% 的高水平上下波动。随着经济水平的提高，人员流动和货物来往日益密切，交通运输业得到极大发展，其耗能水平也从 1994 年占终端能源总量的 5.15%，在短短 9 年内上升至 2002 年的 9.99%。而交通运输业对石油的依赖程度使石油在这 9 年内的能源消费占比增加约有 7%，见图 1-16。

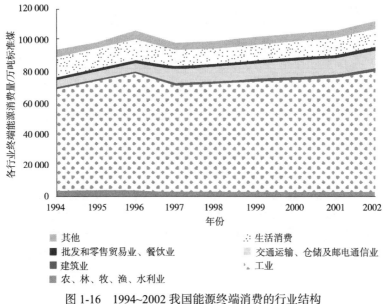

图 1-16　1994~2002 我国能源终端消费的行业结构

资料来源：《中国能源统计年鉴》

总体来说，在产业结构改变的带动下，我国能源结构也得以优化，加上能源产业内部结构的不断改善调整，能源质量和服务水平都得到明显提高。

4. 新时期：能源突跃后的逐渐稳定，构建现代能源产业体系

2003 年，我国能源生产总量和能源消费总量实现突然飞跃，年能源生产总量增长速度为 14.1%，能源消费总量增长速度为 15.36%，随后三年期间内能源生产、消费总量增长速度均高于 10%，此后，增长速度虽有所减缓，但其增长速度与前三个阶段相比依然处于较高水平，见图 1-17。总体来说，由于经济急剧发展带来能源消费总量的增长，其速度比能源生产总量的增长速度稍快，且其消费总量绝对值更大，能源短缺问题比上一阶段更明显。

（1）煤炭主体地位短期难以动摇，清洁能源实现逐年增加。

从能源消费种类来看，近年来，煤炭仍为我国能源消费的主体，2011 年其占能源消费总量的 72%；石油则在此阶段呈缓慢地下降趋势，2003~2011 年，石油

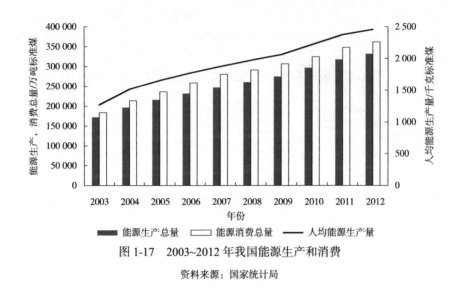

图 1-17　2003~2012 年我国能源生产和消费

资料来源：国家统计局

消费的占比从 22.1%下降至 19.5%；而天然气和非化石能源消费比重则是逐年上升。现阶段，虽然煤炭对大气环境造成严重污染，但由于经济发展的需要、煤炭相对低廉的价格及其易得性，其能源主体的地位目前仍难以动摇。尽管，我国作为石油进口大国，虽然自身石油资源较为丰富，但因经济的高速发展，工业、生活对石油需求量日渐庞大，石油对外依存度近年来持续增加。根据国土资源网资料显示，2009 年，我国石油对外依存度首次突破 50%大关。目前，我国通过加快天然气的勘探开发，增加天然气的储量，提高其产量，利用天然气的洁净性，以及通过非化石能源的进一步开发，逐步实现能源结构的改善。

（2）产业结构优化初显成效，工业能耗比重有所下降。

从产业结构创造的国民增加值来看，各产业的贡献率有所变化，第二产业贡献率在波动中缓慢降低，第三产业则迎来新局面。2003 年，能源生产消费突然迅速增长，第二产业增加值对 GDP 的贡献率从 2002 年的 49.8%突然上升至 58.5%，第三产业从 2002 年的 45.7%突然下降至 38.1%。尽管如此，近年来，经济发展逐步迈进稳定阶段，第三产业持续发展，现已发展上升至新高度，其对 GDP 的贡献率基本维持 45%，第二产业增加值对 GDP 的贡献率缓慢降至 2013 年的 48.3%，如图 1-18 所示。

至于能源消费结构，从行业层面上看，工业占终端能源消耗比例在 2003~2009 年长期在 70%浮动，而在 2010~2012 年成功跌破 70%，跌至 2012 年的 67.47%。交通运输业能源消费占终端能源消费总量的持续缓慢扩张至 2012 年的 11.49%，而生活消费占终端能源消费总量的比例基本无太大变化，在现阶段基本维持 10.7%，见图 1-19。由此可见，此阶段对产业结构的优化调整、能

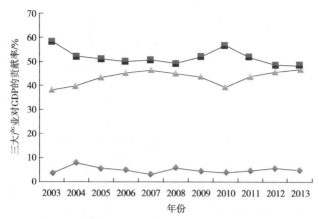

图 1-18　2003~2013 年我国各产业对 GDP 的贡献率

资料来源：国家统计局

源结构的改善有一定的成效。

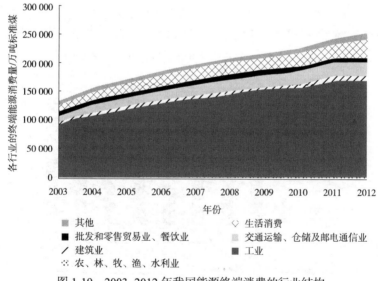

图 1-19　2003~2012 年我国能源终端消费的行业结构

资料来源：《中国能源统计年鉴》

（3）产业结构持续改善，能源环境经济和谐发展。

现阶段是我国经济社会发展的重要时期，是实现工业化、深入城市化的关键变革期，是改善产业结构、获得经济增长新动力的战略调整期。在可持续发展观的指导下，我国的能源战略政策更加成熟发展，在坚持可持续发展、开源节流的同时，关注能源安全，调整产业结构，进一步改善能源结构，保持能源使用、环境保护与经济发展三者的平衡和谐发展，以技术革新为动力，优化能源结构，促进产业结构与社会经济的可持续发展。2010 年，时任国务院总理、国家能源委员会主任的温家宝在国家能源委员会的会议上强调，能源关系国计民生和国家安全。国家能源战略进一步成熟发展，在满足能源生产消费流通的基础上，继续强调节约能源、多元发展、推进能源结构战略性调整与优化，统筹国际国内能源市场，加强国际能源合作，努力建设中国特色的现代能源产业体系，为经济社会全面协调可持续发展提供安全、稳定、经济、清洁的能源保障[①]。

（三）能源供给投资长期不足

能源行业具有资本密集、技术密集的特点，在勘探、发掘过程中，还要承担巨大的不确定性。为了保障供给的稳步上升，每年都需要进行大量的固定资产投资。我国每年在能源工业方面投资巨大，2012 年我国能源行业固定资产形成额达到 1.24 万亿元，占全社会固定资产形成额的 3.3%。从能源建设投资变化趋势来看，尽管能源工业固定资产投资总额不断攀升，相对于 1995 年的 2 025 亿元，增加了 5 倍左右。但从相对比重来看，其在全社会固定资产投资总额中的比重从 1995 年的 10.1%下降至 2005 年的 5.37%。此后，一直保持缓慢下降的态势，截至 2012 年，能源行业投资仅占全社会比重的 3.3%，如图 1-20 所示。

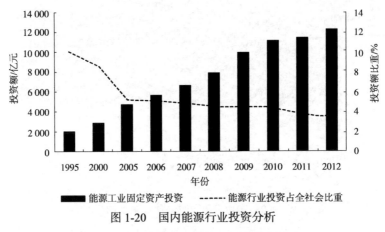

图 1-20　国内能源行业投资分析

资料来源：《中国统计年鉴》；《中国能源统计年鉴》

---

① 温家宝.国家能源委员会第一次全体会议上的讲话[N].人民日报，2010-04-23.

此外我们发现，能源工业固定资产投资的波动较为剧烈。2001~2005 年，能源工业固定资产投资的增长率大幅上升，见图 1-21。其中，2001 年，我国的能源工业固定资产的增长率为–8%，但在随后的 5 年里，能源工业的固定资产投资迅速增加到 28.8%。其背后的驱动因素可能是加入世界贸易组织之后带来的出口猛增，或城市化带来的房地产开发激增，或是基础设施建设投资增强等。值得注意的是，能源工业领域的固定资产投资并非稳步上升，其中在 2006~2008 年和 2010~2011 年，都出现显著的下降，分别减少了 20.3%和 33.2%，其中 2011 年的投资总量再次呈现出负增长。与能源消费总量增长率相比，2004~2010 年和 2012 年，能源工业固定资产投资的增长率超过了能源消费总量增长率。近年来我国实际能源工业固定资产投资波动显著，能源行业有不确定性增加的风险。

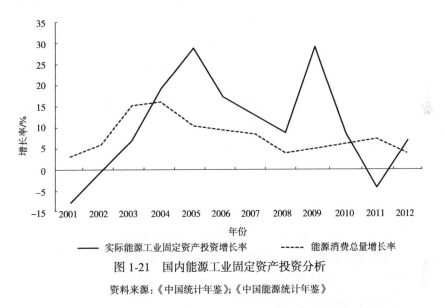

图 1-21　国内能源工业固定资产投资分析

资料来源：《中国统计年鉴》；《中国能源统计年鉴》

除了国内固定资产投资以外，我国还积极奉行"走出去"战略。在每年一亿美元以上的特大型对外投资项目中，能源项目资金总和所占的比重很大。尽管在 2005~2007 年，能源项目金额比重占大型对外比重出现异常骤减，但在短暂的停歇后，又恢复到了高位，并在 2009 年达到 56.16%。随后，在每年的特大型对外投资项目中，能源项目都保持在 40%以上的比重，见图 1-22。巨大的对外直接投资和对内固定资产投资，都是全社会为了提高能源供给总量而付出的经济代价。

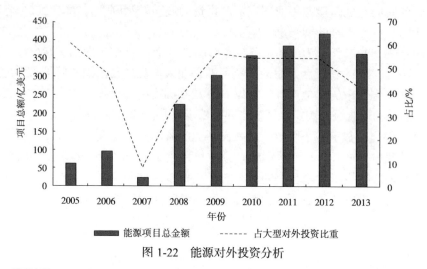

图 1-22　能源对外投资分析

资料来源：http://www.heritage.org/research/projects/china-global-investment-tracker-interactive-map

　　我国能源需求的高速增长给能源供给带来了持续的压力。再加上我国能源资源储量匮乏，新能源发展尚不足以分担供给压力，能源工业固定资产投资比重持续下降，使得我国能源供给形势更加严峻。

二、能源需求

　　我国能源供给压力大，归根结底在于需求上升太快，我国是全球最大能源消费国，过去的几十年里，能源消费总量经历了快速的增长。然而，在总量变迁的过程中，能源消费存在一些固化的特征，如消费结构过"黑"、集中于工业部门等，下面将对这些内容展开讨论。

（一）能源总需求快速增长

　　过去的三十多年里，在经济体制转型、经济全球化和城市化的共同作用下，我国经济挣脱发展的束缚，实现了前所未有的快速增长，成为世界第二大经济体。但经济的增长离不开能源消费，在我国经济快速增长这一过程中，我国对能源也产生了巨大需求，能源消费总量增加了 5 倍以上，超过美国成为世界第一大能源消费国。能源消费总量保持着较快的增长，尤其是 2000 年以后，平均能源消费增长率在 7.9%。1984~2002 年的 18 年里，我国能源消费总量翻了一番，而进入 21 世纪以后，2002~2010 年仅仅过了 8 年的时间就翻了一番，到 2013 年的时候已经达到 37.5 亿吨标准煤，见图 1-23。

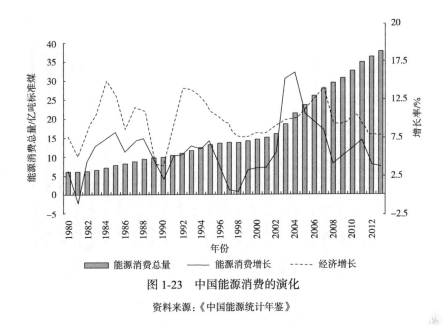

图 1-23　中国能源消费的演化

资料来源：《中国能源统计年鉴》

　　电力既是经济和社会发展的基本投入品，也是人们生活的必需品，电力的高速增长是经济增长和人民生活改善的前提。从 1991 年开始，我国的电力市场也步入了一个新台阶，我国全社会用电量从 1991 年的 0.7 万亿千瓦时增加到 2014 年的 5.5 万亿千瓦时。平均而言，全社会用电量以 9.6%的速度增长。其中，1992 年、1994~1996 年、2002~2003 年、2005~2006 年以及 2010~2011 年的全社会用电增长率都超过了 10%。另外，2000 年、2004 年、2007 年的全社会用电年增长率甚至突破了 15%大关，如图 1-24 所示。

　　从能源消费总量的演化上看，世界能源消费总量趋势还在不断上升，见图 1-25。但发达国家的能源消费已经呈现平稳的趋势，美国的能源消费总量自 1980 年以来缓慢上升，从 1980 年的 18.05 亿吨石油当量上升到了 2007 年的 23.37 亿吨石油当量，年平均增长率仅为 0.96%，并且在 2007 年之后呈现下降的趋势，在 2012 年下降到 21.40 亿吨石油当量。事实上，不单单是美国，很多西方发达国家的能源消费量，近几年都已经呈现出跨过峰值，开始下降的态势，而美国仅仅是其中一个代表。OECD 是一个富国俱乐部，一定程度上可以代表经济水平较为发达的国家，从 OECD 国家整体的能源消费上来看，同样在 2008 年能源消费总量达到高位 55.49 亿吨石油当量，之后呈现下降趋势，在 2012 年下降到 52.50 亿吨石油当量。当然，发达国家能源消费量的下降，一定程度上和仍未结束的全球性经济危机有关。因此，全球能源消费增加几乎完全是由发展中国家造成的，作为最大发展中国家的中国在国际气候、环境大会中处处被动。

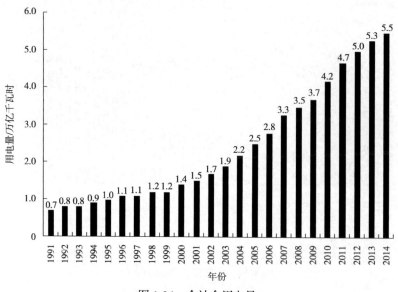

图 1-24　全社会用电量

资料来源：《中国能源统计年鉴》

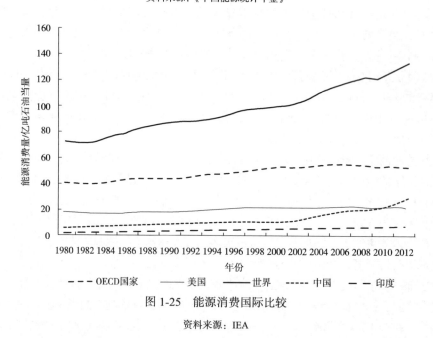

图 1-25　能源消费国际比较

资料来源：IEA

　　从消费总量占全世界的比重上看，中国占全球能源消费的比重上升非常明显，见图 1-26。改革开放初期，作为全球人口第一大国，总能耗还不到全球的 10%，考虑当年中国人口占世界比重为 22.4%，中国的人均能源消费还不到世界平均水平的一半。1980 年以来中国能源消费占世界的比例不断上升，2012 年中国一次能源总消费量占到了全球能源消费量的 21.7%，高于美国的能源消费占比 16%。从趋势上看，几十年来中国、印度等发展中国家在全球的能源消费比重不断上升，而另一方面，以美国为首的较为发达的国家阵营所占比重却在不断下降。印度的增长速度和整体规模都远远不及中国，2012 年，印度的能源消费量仅为中国的 27%，经济规模总量也仅仅是中国的 22.8%。作为世界第二大发展中国家，印度与中国之间的整体规模差距还很大。

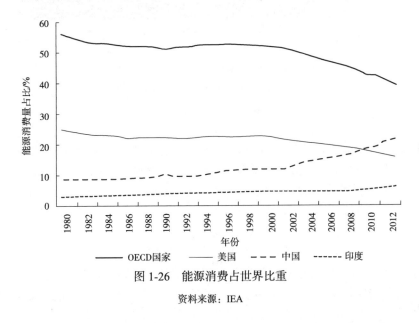

图 1-26　能源消费占世界比重

资料来源：IEA

　　能源消费总量的增加使环境污染、气候变暖、能源安全等问题更加棘手，对我们的能源发展、经济转型提出更严峻的挑战。这些问题将在后面的部分展开更详细的讨论。

（二）能源需求结构长期以煤为重

　　受"富煤贫油少气"的能源禀赋限制，三十多年来，我国一次能源消费结构中，煤炭占据着绝对的优势，长期以来占比在 70% 左右，见图 1-27。2013 年，天然气的比重有所增加，从 1980 年的 3.1% 上升到 2013 年的 5.8%；煤炭的比重为 66%，石油的比重为 18.4%，仅略微降低。

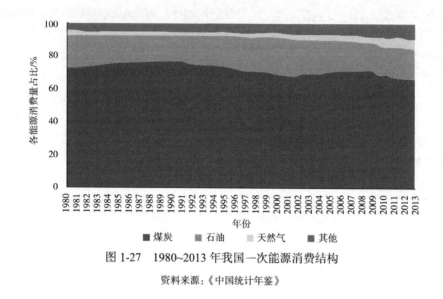

图 1-27　1980~2013 年我国一次能源消费结构

资料来源:《中国统计年鉴》

　　从能源结构的终端使用上看（图 1-28），煤炭消费从 1980 年的 3.88 亿吨标准煤上升到 2012 年的 7.69 亿吨标准煤，占比从 40.8%降到 32.7%。石油的上升非常明显，从 0.53 亿吨标准煤上升到 6.08 亿吨标准煤，占比从 10.8%上升到 24.8%。天然气的比重有所提高,但依然很小,从 0.02 亿吨标准煤上升到 1.16 亿吨标准煤,比重从 1.1%上升到 5.8%。电力的上升也非常明显，从 3.0%上升到 21.0%，这很大程度上得益于家电的普及和人民生活水平的提高。可再生能源从 2.2 亿吨标准煤上升到 3.09 亿吨标准煤，增长很低，比重从 44.9%降到 12.9%。由于经济发展，人们普遍能够使用上商品性能源，薪柴、牛粪等传统生物质能源逐渐告别我们的生活。

　　从能源的终端使用部门来看（图 1-29），1980 年中国的工业用能比重高于发达国家和世界平均水平；在交通上的比重仅为 5.01%，远小于 OECD 国家的 26.59%；同时期中国的普通商业和公共服务能源消费比重也极低，仅有 1.26%。这绝不是因为当时中国人生活用能浪费无节制，恰恰相反，其体现的是当时经济活动低迷，经济总量小，能源消费量极低的贫困画面。事实上，1980 年正是改革开放起步时期，中国国内经济百废待兴，当时中国人均能耗仅为世界平均水平的 37.4%，OECD 国家的 14.7%。由于国家的政策导向，重工业优先发展，因此工业在能源消费构成中占据很大一部分，但限于当时的社会工业总资本存量低，总体用能规模并不大。经过三十多年的发展，我国能源终端消费总量和结构发生重大变化，工业部门终端用能增幅最大，从 2.7 亿吨标准煤上升到 11.6 亿吨标准煤，增长了三倍以上。

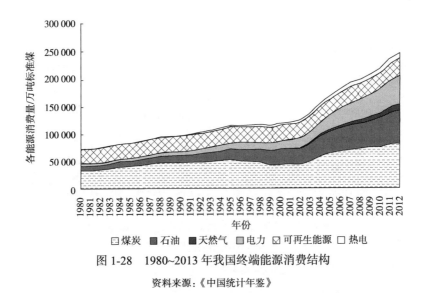

图 1-28　1980~2013 年我国终端能源消费结构

资料来源：《中国统计年鉴》

交通方面终端用能从 0.35 亿吨标准煤增长到 3.44 亿吨标准煤，几乎翻了十倍。居民用能仅从 3.4 亿吨标准煤上升到 5.3 亿吨标准煤，增长幅度最小。商业和公共服务用能从 0.09 亿吨标准煤上涨到 0.88 亿吨标准煤，涨幅接近十倍，见图 1-30。

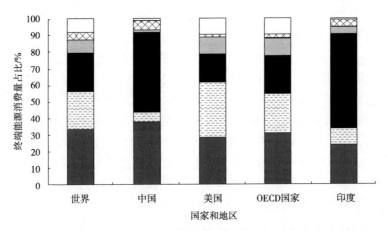

图 1-29　1980 年终端能源消费构成国际比较

资料来源：IEA

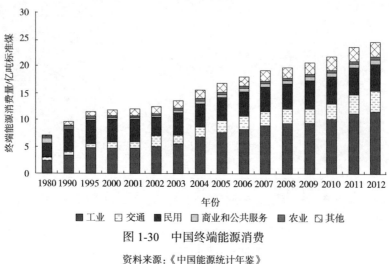

图 1-30　中国终端能源消费

资料来源：《中国能源统计年鉴》

　　改革开放以后，中国经济腾飞，依靠廉价的劳动力、原料优势成为"世界工厂"。在终端用能上，工业用能达到 47.45%，远远超过世界平均水平的 28.3% 和 OECD 国家平均水平的 22.1%。与 1980 年相比，发达国家的工业用能比重是下降的，由于国际分工和贸易结构的变化，发展中国家成为发达国家的高耗能产业迁移对象，所消耗的能源中有很大一部分属于贸易品种的消耗，被进口国的国民所享用，这部分能源称为贸易隐含能，是导致中国等发展中国家工业能耗比重提高的原因之一，见图 1-31。在交通方面，中国的终端用能比重仅有 14%，仍远低于发达国家的 33.1%，这个比重在美国更是高达 41.7%。民用、商业和公共服务能耗比重仍然低于发达国家水平。虽然中国的居民用能比重略高于发达国家，但考虑到中国的人口基数，人均生活用能还是远低于发达国家水平。生活用能水平在一定程度上反映一个国家的国民生活水平，中国和发达国家相比仍有差距。印度作为全球第二大发展中国家，终端用能构成和中国具有相似性，但近几十年来印度发展缓慢，工业化程度远远不及中国，整体发展水平差距还很大，这也是其工业用能水平远低于中国的原因之一。

（三）能源需求预测：拐点在哪里

　　自 2003 年的"电荒"以后，为避免季节性，甚至全年性能源紧缺问题的再度重演，清楚了解能源供需形势、搞好能源需求预测，对保障我国经济稳定有序发展具有重要意义。对一个经济体进行能源预测通常会涉及该地区能源消费的历史与现状，通过对能源消费各因素的分析，考察能源需求与各因素的关系，并在此

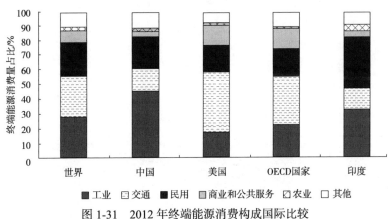

图 1-31 2012 年终端能源消费构成国际比较

资料来源：IEA

基础上对未来能源需求总量及能源结构给出定量或定性分析。目前，主要的能源需求预测方法见表 1-1。

表 1-1 能源需求预测主要方法

预测种类	预测方法	相关研究	缺点
相关分析法	部门分析法	IEA、EIA、BP 等	基于历史数据进行估计，无法准确预知未来经济发展的跳跃性变化；主观性较强
	情景分析法	Lin 和 Ouyang（2014）；徐铭辰等（2011）	
	投入产出法	伍亚和张立（2011）；魏一鸣等（2007）	
	能源消费弹性系数法	曾胜（2011）	
数学模型法	时间序列法	林伯强（2003）；Crompton 和 Wu（2005）；卢二坡（2005）	只描述社会经济现象的某一方面，缺乏对经济信息的全面充分考虑
	灰色关联法	于超等（2007）；王立杰和孙继湖（2002）	
	BP 人工神经网络模型	李亮等（2005）；黄海萍（2007）	

在对中国 2020 年能源消费的估计上，国内外能源机构通常利用情景分析的方法来研究能源需求总量与部门能源需求（图 1-32），2000 年以前的研究大多认为 2020 年中国的能源总消费量在 20 亿~30 亿吨标准煤，这些研究结果没有预见到 2000 年之后中国能源消费速度的快速增长和经济规模的迅速膨胀。实际上，在 2010 年中国能源消费总量已经超过 30 亿吨标准煤。这可能是因为采用了针对发达国家所设定的能源需求模型进行估计，造成了对发展中国家能源需求预测产生偏差有

关。事实证明，发展中国家并未完全遵循发达国家的发展轨迹。

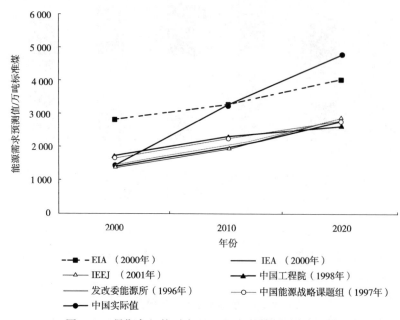

图 1-32　早期各机构对中国 2020 年的能源需求预测值

中国 2020 年的能源需求实际值为《能源发展战略行动计划（2014—2020 年）》
提出的我国 2020 年一次能源消费控制量

　　国务院办公厅印发的《能源发展战略行动计划（2014—2020 年）》，明确了
2020 年我国能源发展的总体目标、战略方针和重点任务，部署推动能源创新发展、
安全发展、科学发展。这是今后一段时期我国能源发展的行动纲领。文件中表示，
要以开源、节流、减排为重点，确保能源安全供应，转变能源发展方式，调整优
化能源结构，创新能源体制机制，着力提高能源效率，严格控制能源消费过快增
长，着力发展清洁能源，推进能源绿色发展，着力推动科技进步，切实提高能源
产业核心竞争力，打造中国能源升级版，为实现中华民族伟大复兴的中国梦提供
安全可靠的能源保障，其中明确提出，到 2020 年一次能源消费总量控制在 48 亿
吨标准煤左右[①]。

　　近两年，国内外主要智库对中国 2020 年的能源需求预测多在 50 亿吨标准煤
左右，见图 1-33。简单利用外推法，假设 2012 年以后能源消费按照 1990~2012
年的平均增长率 6.15% 增长，2020 年中国总能耗将为 58.3 亿吨标准煤。假设 2012

① 国务院办公厅.国务院办公厅关于印发能源发展战略行动计划（2014—2010 年）的通知[R].2014.

年以后能源消费以 2002~2012 年的平均增长率 8.38%增长，2020 年总能耗将达到 59.5 亿吨标准煤。假设 2012 年以后能源消费增长率保持在 3.95%，那么 2020 年能源消费总量将达到 50.9 亿吨标准煤。外推法的基本假设是能源消费结构和能源消费增长速度都保持不变，但是，随着技术进步和产业升级，能源强度下降，能源消费速度下降，能源消费总量并不会一直保持增加，可能出现拐点，呈现下降趋势。

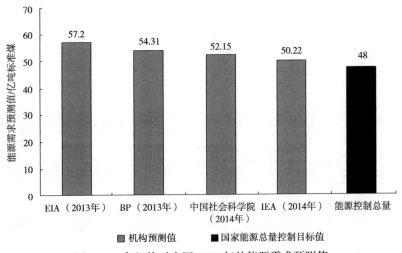

图 1-33　各机构对中国 2020 年的能源需求预测值

　　无论从能源消费绝对量，还是从我国能源消费量占世界的份额来看，我国无疑是世界能源消费大国。在考虑长期以煤炭为主的能源终端消费结构，以及以工业部门为主的能源终端消费主体的情况下，2020 年我国能源消费总量控制的目标有望实现，甚至可能出现拐点，呈现下降趋势。

专栏　我国能源需求结构预测

（一）数据的收集与历史情况总结

　　对我国终端能源消费情况做出预测，需要得到各个具体部门的能源消费数据：对于非工业部分，主要摘取了各年份《中国能源统计年鉴》中"能源平衡表"中对非工业部门的数据统计；对于工业部门，主要使用了各年份《中国能源统计年鉴》中"按行业分能源消费量"的数据；为了更具有灵活性，第一步搜集的能源消费数据均为实物量消费情况，在预测时再根据《中国能源统计年鉴》附表中给出的能源折算系数折算成标准量。在折算的过程中存在一个问题，由于发电技术的不断进步，电力对标准煤的折算系数一直在变化，而统计年鉴中并未给出每一年具体的折算系数。为此，我们参照了《中国统计年鉴》的能源消费总量数据，对不同年份的电力折算系数进行了修正和预测。

从历史消费结构来看，我国终端能源消费结构变化不大。图 1-34 为我国 1997 年、2002 年、2007 年及 2012 年终端能源消费情况，从中看到，农、林、牧、渔、水利业在终端消费中的比例一直很低，在 5% 以下。制造业在终端能源消费中占据着绝对的主导地位，1997 年、2002 年这一比重都为 62%，2007 年、2012 年这一比重都为 59%。同时，电力、热力及水生产和供应业的比重在上升，这体现了我国能源工业规模的迅速攀升。建筑业的能源消耗有明显下降，交通则呈现出显著的上升趋势。

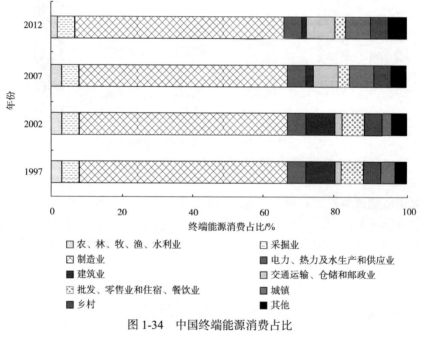

图 1-34　中国终端能源消费占比

资料来源：《中国能源统计年鉴》

（二）预测方法及预测结果分析

能源消费预测分析通常利用宏观经济发展的指标与能源需求的相互关系，采用特定方法来计算未来能源需求数量。对能源消费的分析通常包括两类方法，一类是基于能源体系本身对能源消费进行研究，主要包括时间序列法、灰色关联法、趋势外推法等，另一类是基于整个社会经济环境对能源需求进行研究，即因素分析法，主要包括情景分析法、能源消费弹性系数法与投入产出法等。

　　由于目前对于未来能源消费结构的约束并不明确，无法在约束下进行预测。为得到 2020 年能源消费量结构，我们根据历史能源消费数据，采用时间序列预测方法中的指数平滑预测法对能源消费结构进行预测。指数平滑预测因其兼容了全期平均和移动平均的优点及所需信息较少，不仅保留了过去的数据，并且随着数据的远离，赋予逐渐收敛为零的权数，广泛适用于中短期经济发展趋势预测。采用指数平滑对能源消费结构进行预测，可得到良好的预测效果。

　　1.能源消费结构预测计算

　　利用 Holt 两参数指数平滑模型对各部门主要能源品种消费量进行预测分析，然后将其加总得到全社会能源消费总量及能源消费结构，表 1-2 为 1996~2014 年能源消费总量历史值，预测值及相对误差。

表 1-2　1996~2014 年能源消费总量历史值、预测值及相对误差

年份	历史值 /万吨标准煤	预测值 /万吨标准煤	相对误差/%
1996	135 192	105 869.126 6	−21.69
1997	135 909	134 137.656 2	−1.30
1998	136 184	141 173.742 6	3.66
1999	140 569	107 987.537 1	−23.18
2000	145 531	128 336.150 8	−11.82
2001	150 406	138 959.880 1	−7.61
2002	159 431	145 576.402 1	−8.69
2003	183 792	153 352.726 0	−16.56
2004	213 456	172 920.697 3	−18.99
2005	235 997	203 298.499 2	−13.86
2006	258 676	232 380.106 0	−10.17
2007	280 508	260 372.054 1	−7.18
2008	291 448	293 239.748 5	0.61
2009	306 647	308 725.585 0	0.68
2010	324 939	324 144.709 7	−0.24
2011	348 002	336 472.222 7	−3.31
2012	361 732	364 670.581 2	0.81
2013	376 000	382 264.643 9	1.67
2014	426 000	397 703.948 7	−6.64

　　注：相对误差=（预测值−历史值）/历史值×100%

　　资料来源：能源消费总量历史数据来自历年《中国能源统计年鉴》

　　由残差分析可知，Holt 两参数指数平滑模型对靠近现在的数据拟合程度较好，其近期的预测值与实际值大体吻合，预测的结果较为可靠，因此，得到 2015~2020

年的能源消费总量的预测值，如表 1-3 所示，模型拟合程度较好。

表 1-3　2015~2020 年我国终端能源消费量预测值

年份	预测值/万吨标准煤
2015	437 108.7
2016	460 965.9
2017	484 855.6
2018	508 839.7
2019	532 844.3
2020	556 866.6

2.预测结果分析

1）能源消费结构

2020 年我国全社会终端能源消费结构预测结果如图 1-35 所示。到 2020 年，我国终端能源消费中占比最大的将是电力，其次是石油，而天然气的占比仍仅为 5%。与 2012 年全社会终端能源消费结构相比，电力消费占比呈现出下降趋势，天然气和热力占比略有上升，煤气和焦炉煤气的占比提升较大。我们检查预测数据后发现，这一提升主要发生在黑色金属冶炼和压延加工业，可能因为近几年来该行业能耗增加较快，对于该能源品种的需求较大，在预测时使这一增加趋势被进一步放大。图 1-35 为各能源品种消费情况的对比，除石油制品的消费量没有太大变化外，其他能源品种消费量都明显地增加且增长幅度相近。

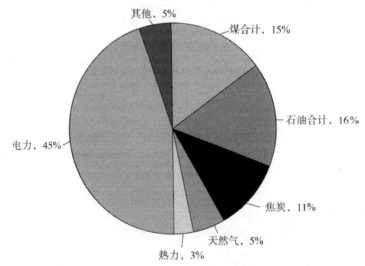

图 1-35　2020 年我国全社会终端能源消费结构预测

2）各部门能源消费情况

2020年我国分行业能源消费结构预测结果如图1-36所示。从预测数据中可看出，2020年我国能源消费量最大的行业仍然是制造业，占比为60%。对比2012年的能源结构情况可以看到各个行业占比变化不大，交通运输、仓储和邮政业能源消费占比有一定的增加，电力、热力及水生产和供应业占比有所下降，整体趋势保持不变。

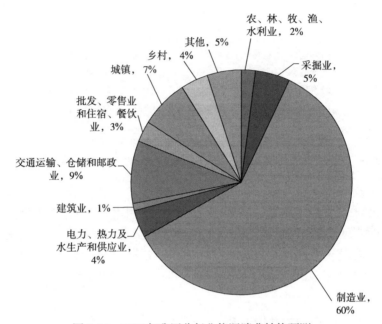

图1-36　2020年我国分行业能源消费结构预测

3）高耗能行业能源消费情况

目前我国将石油加工、炼焦和核燃料加工业，化学原料和化学制品制造业，非金属矿物制品业，黑色金属冶炼和压延加工业，有色金属冶炼和压延加工业，以及电力、热力生产和供应业这六大行业归为高耗能行业。图1-37为高耗能行业能源消费的行业结构情况，对比2012年，黑色金属冶炼和压延加工业比重增加较为明显，从34.94%增加到41.13%，有色金属冶炼和压延加工业及电力、热力生产和供应业占比下降较为明显，均下降了1.5%。从绝对量变化的情况来看，黑色金属冶炼和压延加工业仍是增长最多的，接下来是化学原料和化学制品制造业、非金属矿物制造业。

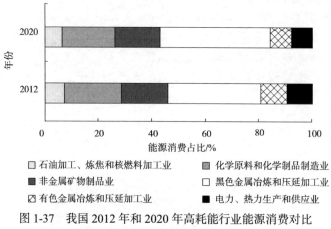

图 1-37　我国 2012 年和 2020 年高耗能行业能源消费对比

资料来源：《中国能源统计年鉴》

三、经济结构

长期以来，我国经济结构以第二产业为主，在国际贸易分工中承担着能源密集、劳动密集型的环节，经济增长走的是高耗能、高污染之路。虽然我国经济结构中第三产业比重有所上升，并超过第二产业比重，但仍低于发达国家。高耗能产业在能源消费中的占比居高不下，致使能源消费结构固化，不利于能源转型和经济转型。

（一）第三产业比重持续上升

伴随着经济增长带来能源消费量剧增，我国成为世界头号能源消费大国。尽管经济总量的增长是加重我国能源消费压力的重要动因，但经济总量增长并不能完全地解释能源消费增长，产业结构与能源消费是否匹配才是问题所在。经济结构不合理不仅是我国能源使用效率低下的重要诱因，同时也导致我国能源消费结构固化。

但近年来，我国经济结构调整取得积极进展，产业结构得到一定优化，见图 1-38。在 2008 年以前，我国第三产业对 GDP 的贡献率相对稳定在 41% 左右；2008 年之后，受累于工业比重的持续下滑，第二产业占国民经济比重也出现了下降，而第三产业比重开始逐渐上升；到 2013 年，我国第三产业占比达到了 46%，首次超过了第二产业占经济比重（43%）。

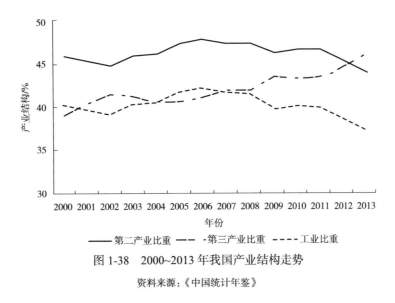

图 1-38　2000~2013 年我国产业结构走势

资料来源：《中国统计年鉴》

从国际比较来看（图 1-39），发达国家第三产业比重普遍在 70%左右，即使部分发展中国家也已达到 50%以上。尽管我国经济结构调整取得了一定进展，但第三产业比重仍低于其他发达国家水平，而且也低于发展中国家 50%的水平。因此经济结构仍需加强调整力度。

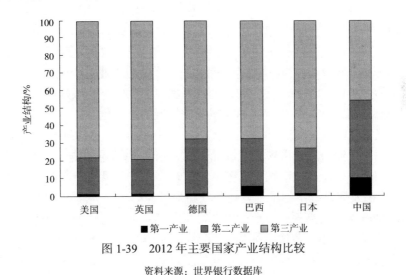

图 1-39　2012 年主要国家产业结构比较

资料来源：世界银行数据库

产业结构调整历来是政府施政的主轴之一。在历年政府工作报告中我们可以发现，"结构调整"这个词首次出现在20世纪80年代，出现次数最多的是1991年，共66次。2010年以来这个词又开始密集出现，见图1-40。显然，结构调整在几十年来都是党中央、国务院的重要政策目标。

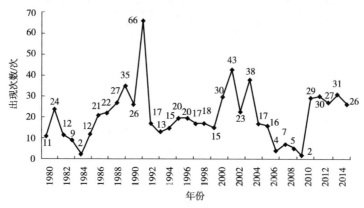

图1-40　"结构调整"词汇出现在政府工作报告中的次数

（二）高耗能产业耗能居高不下

从能源消费量来看，我国工业能源消费占能源消费总量的70%以上，工业部门内部的重化工倾向明显，六大高耗能行业用电量占工业用电量的比重大体维持在63%左右；高耗能产业能源消费量占工业能源消费量的比重（图1-41）在2000年之后一路攀升到72%左右，对我国能源造成的压力不可小觑。这些高耗能行业虽然给经济发展提供了重要的物质基础，但同时也是资源、能源消费大户。具体来看，2011年我国六大高耗能行业总产值占工业总产值比重不到35%，但其能源消费量比重却超过了73%，尤其是黑色金属冶炼和压延加工业能源消费量达到24%左右，见图1-42，可见我国经济发展的重工化特征在能源消费方面表现得十分显著。

从高耗能行业的能源需求变化情况来看，近年我国工业化与城市化进程加速，大规模基础设施建设与城市人口膨胀，对钢铁、水泥等高耗能产业产生更加旺盛的需求。当前发展进程中的重工业化特征将对能源产生更大需求。从图1-43中可以看到，2000年以后高耗能行业的能源需求普遍增加，尤以钢铁行业为代表的黑色金属冶炼和压延加工业增幅最为显著，从1999年的16 910万吨标准煤上升到2011年的58 896.58万吨标准煤，年均增长高达7.87%。概括而言，除少数年份外，我国的高耗能行业能源消费量占工业能源消费总量的比重均保持上升趋势，且2004年以后稳定在70%左右。

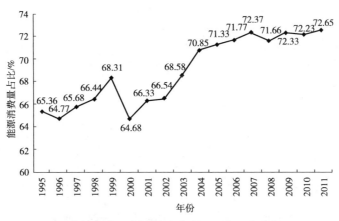

图 1-41　高耗能产业能源消费量占工业能源消费量的比重

资料来源：中国经济与社会发展统计数据库

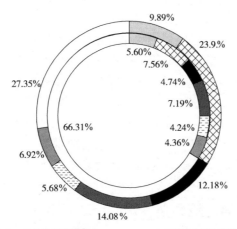

□ 电力、热力生产和供应业　　　　　图 有色金属冶炼和压延加工业

☒ 黑色金属冶炼和压延加工业　　　　▨ 石油加工、炼焦和核燃料加工业

■ 非金属矿物制品业　　　　　　　　□ 其他

▨ 化学原料和化学制品制造业

图 1-42　2011 年高耗能行业总产值（内）与能源消费量（外）占工业比重

资料来源：《中国能源统计年鉴》

　　近年来，我国经济结构调整取得了积极进展，但与其他发达国家相比，经济结构仍然较"重"，尤其是工业部门内的重化工倾向较为明显。我国要继续深化经济结构调整，促进技术升级，转变高耗能行业的发展方式以调控能源消费总量。

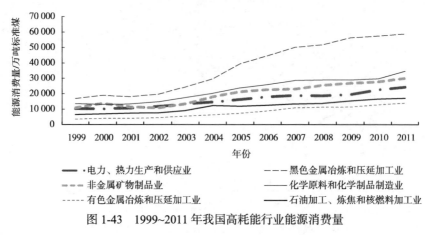

图 1-43　1999~2011 年我国高耗能行业能源消费量

资料来源：中国经济与社会发展统计数据库

四、负外部性

能源在开采、运输、加工、使用及废弃物处理过程中均存在负外部性。伴随着经济总量与能源消费总量的快速增长，落后的能源生产技术与较重的能源消费结构引致的负外部性问题也日渐突出。这主要体现在生态破坏与环境污染，但同时由环境污染所导致的居民健康水平的下降以及环境治理成本的增加也不容忽视。在全球污染物方面，我国已经成为二氧化碳的最大排放国；在本地污染物排放方面，我国的 PM、二氧化硫、氮氧化物等的排放都有了迅猛增长，已成为二氧化硫的最大排放国，生态环境承载能力已接近极限。

专栏　环境库兹涅茨曲线

库兹涅茨曲线最早由库兹涅茨提出，后应用于环境问题中。环境专家认为随着经济的发展，环境质量首先恶化，然后在某一时期达到一个最差的点，在这之后环境质量将不断恢复。具体来说，随着经济发展，经济增长通过规模效应、技术效应与结构效应三种途径影响环境质量。在一个国家、地区发展的初期，由于产业结构以农业为主，工业化水平很低，因此污染物排放很少，在环境的自动调节能力范围之内，如我国成立初期的情形；随着工业化程度的提高，能源消耗、污染物排放大幅度提升，环境情况由于经济增长的规模效应发生恶化；随着经济进一步增长，技术效应发挥作用，高收入水平与更好的环保技术、高效率技术紧密相连。在一国的经济增长过程中，研发支出上升，推动技术进步，产生两方面的影响：一是在其他条件不变时，技术进步提高生产率，改善资源的使用效率，降低单位产出的要素投入，削弱生产对自然与环境的影响；二是清洁技术不断开发和取代污染技术，并有效地循环利用资源，降低了单位产出的污染排放[①]。同时结构效应也对环境起到好的作用：随着收入水平提高，产出结构和投入结构发生变化，产业链中高耗能、高污染的环节被转移出去。

　　在规模效应、技术效应、结构效应的作用下，环境质量与人均收入水平之间呈现出倒 U 形（图 1-44）。以全球人均二氧化碳及二氧化硫排放和人均 GDP 的关系来看（图 1-45 和图 1-46），污染物排放量和国内生产总值之间呈现出明显的倒 U 形曲线关系。

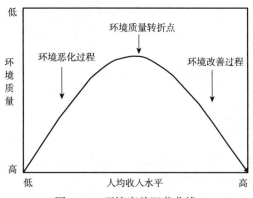

图 1-44　环境库兹涅茨曲线

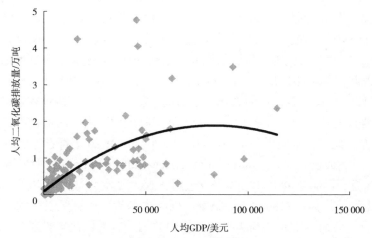

图 1-45　2011 年全球人均二氧化碳排放量与人均 GDP 的关系

资料来源：根据 EIA 和世界银行的数据估计

---

① 余群芝.环境库兹涅茨曲线的理论批评综论[J].中南财经政法大学学报，2008，1：20-26.

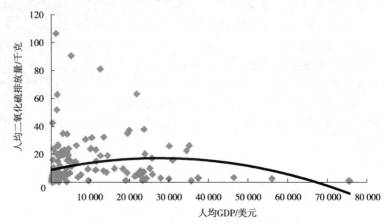

图 1-46　2000 年全球人均二氧化硫排放量与人均 GDP 的关系

资料来源：根据 EIA 和世界银行的数据估计

（一）本地污染

从大气环境来看，煤炭、石油等化石能源使用的低效率是大气环境遭到破坏的重要原因。化石能源的燃烧往往伴随着大量废气的产生，其中煤炭燃烧的污染物排放水平最高。2013 年，全国工业废气排放量为 669 361 亿立方米（标态），比上年增加 5.3%，见图 1-47。其中二氧化硫排放量为 2 043.9 万吨，比上年减少 3.5%。工业二氧化硫排放量为 1 835.2 万吨，比上年减少 4.0%，占全国二氧化硫排放总量的 89.8%。全国氮氧化物排放量为 2 227.3 万吨，其中工业氮氧化物排放量为 1 545.7 万吨，占全国氮氧化物排放总量的 69.4%。城镇生活二氧化硫排放量为 208.5 万吨，比上年增加 1.4%，占全国二氧化硫排放总量的 10.2%。根据环境保护部 2012 年数据，就近年的大气污染情况来看，二氧化硫排放在逐年减少，相对的污染程度有所下降，而 $PM_{2.5}$、臭氧等污染物成为了大气污染物中超标最为严重的污染物。此外，全世界污染最严重的 30 个城市有 20 个都在中国。

NASA（National Aeronautics and Space Administration，即美国国家航空航天局）测算，中国 2008 年 $PM_{2.5}$ 排放量达 1 388 万吨，占世界总排放量的 34%。$PM_{2.5}$ 作为目前最为严重的大气污染物，同时也是近年来频频发生的雾霾现象的"罪魁祸首"。$PM_{2.5}$ 的形成与大气排放物中的烟尘、无机盐等有密切的联系。张小曳等（2013）通过对 2006 年和 2007 年在我国 16 个观测站、每 3 天 1 次滤膜气溶胶样品的分析，发现我国大气气溶胶中，矿物气溶胶、硫酸盐和有机碳气溶胶

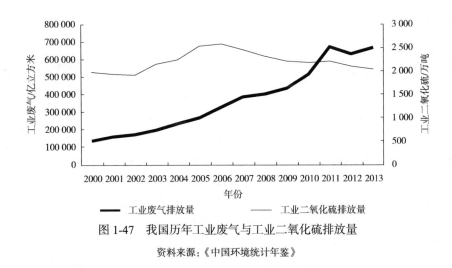

图 1-47　我国历年工业废气与工业二氧化硫排放量

资料来源：《中国环境统计年鉴》

三类气溶胶贡献了我国 PM_{10}[1]质量浓度的 70%左右，硝酸盐约占 7%，铵盐约占 5%，元素碳气溶胶（也被称为黑碳）约占 3.5%。也就是说这些气溶胶粒子组成成分中的大部分都与煤炭的燃烧有直接关系，从而可以推断出，目前我国 $PM_{2.5}$、PM_{10} 污染严重的情况，与我国长期以煤炭为主的能源结构有着必然的联系。

2014 年 3 月 25 日，环境保护部发布了京津冀、长三角、珠三角区域及直辖市、省会城市和计划单列市等 74 个城市 2013 年度空气质量状况（环境保护部，2014）。从主要污染物浓度分析，74 个城市 $PM_{2.5}$ 年均浓度为 72 微克/立方米，仅拉萨、海口和舟山 3 个城市达标，达标城市比例为 4.1%；PM_{10} 年均浓度为 118 微克/立方米，11 个城市达标，达标城市比例为 14.9%；二氧化氮年均浓度为 44 微克/立方米，29 个城市达标，达标城市比例为 39.2%。其中三个地区的首要污染物均为 $PM_{2.5}$，其次是 PM_{10}、臭氧和二氧化氮。

从水体环境来看，能源开采会对地下水系造成破坏，而能源使用会排放污染物。这不仅给水资源造成负面影响，也会进一步扰乱生态系统平衡。2013 年，全国废水排放量为 695.4 亿吨，比上年增加 1.5%。工业废水排放量为 209.8 亿吨，比上年减少 5.3%，占废水排放总量的 30.2%。废水中化学需氧量排放量为 2 352.7 万吨，比上年减少 2.9%。工业废水中化学需氧量排放量为 319.5 万吨，比上年减少 5.6%，占化学需氧量排放总量的 13.6%。废水中氨氮排放量为 245.7 万吨，比上年减少 3.1%。工业废水氨氮排放量为 24.6 万吨，比上年减少 6.8%，占氨氮排

---

[1] $PM_{2.5}$ 和 PM_{10} 的区别只在于颗粒粒径上，主要的成分和来源基本相同。根据世界卫生组织研究，发展中国家 $PM_{2.5}$ 占 PM_{10} 的 50%左右，发达国家 $PM_{2.5}$ 占 PM_{10} 的 50%~80%。

放总量的 10.0%。水质污染一方面会导致水体生态环境遭到破坏，使水下生物多样性减少；另一方面，饮用受污染水资源带来的疾病威胁也不容忽视，用水危机正席卷而来。

生态环境的破坏与我国能源的开发和利用情况高度相关。首先，能源的开发阶段就可能造成生态环境的破坏。据统计，我国煤炭每年新增采空区超过 4 万公顷，累计已达 100 万公顷左右，70%的大型矿区均是土地塌陷严重区。煤炭开发已造成西北地区约 245 万平方千米范围内的水土流失，加剧了当地生态环境脆弱、水资源严重匮乏的局面；煤炭的开采和洗选需要耗费大量的水资源，故其产生的废水占工业废水的比重较高。此外，国内煤矸石山达 1 500 余座，煤矸石存量已达 40 亿亩[①]，占地近 2 万公顷，其中长期自燃矸石山 400 座，每年因自燃就要排放 20 多万吨有害气体[②]。同时，油气资源的开发也给环境带来了巨大压力。陆地油气资源的开发不仅降低了地下水水位，还对地下水的品质造成了破坏。而海上石油的开发稍有不慎就会对海洋生态环境造成灾难性影响。其次，能源的利用也会对生态环境造成影响，目前我国电力的主要来源是火电，火力发电占比高，部分发电机组煤的燃烧不充分，发电厂的废气中含有大量的碳氢化合物，一些企业未按要求安装脱硫脱硝设备，所排废气中二氧化硫、氮氧化物占比高，发散到大气中会形成光化学烟雾和酸雨；在石油石化工业上，由于排污环节多、污染物排放种类复杂且毒性大，超过 80%的石化项目建在江河水域和人口密集的环境敏感地区，若发生生产事故或污染物泄漏事件，将对环境造成巨大破坏。

专栏　环境污染增加健康和治理成本

严重的环境污染已影响了我国居民的健康。众多研究报告称，长期吸入含有大量污染气体，会损伤人体呼吸系统和其他器官系统，且易引起肺癌。煤烟中的多环芳烃等致癌物，导致我国肺癌的死亡率与 30 年前相比上升了近 5 倍，已取代肝癌成为我国居首位的恶性肿瘤死亡原因。

图 1-48 比较了我国城市和农村肺癌在死亡成因中所占比重的变化情况。不管在城市还是在农村，肺癌导致的死亡率都在上升。从城市数据看，20 世纪 70 年代的肺癌死亡率为每十万人有 12.61。1992 年肺癌成为死亡率最高的恶性肿瘤，到 2004 年左右，肺癌的死亡率已经达到每十万人有 40.98 人次，死亡率远远高于其他肿瘤。在农村，肺癌也已经成为肝癌之后死亡率最高的恶性肿瘤。农村的肺癌死亡率与城市相比稍低，一个可能的原因是农村的空气污染低于城市。

① 1 亩≈666.7 平方米。
② 张有生.我国能源安全形势与战略[J].电器工业，2014，（9）：21-32.

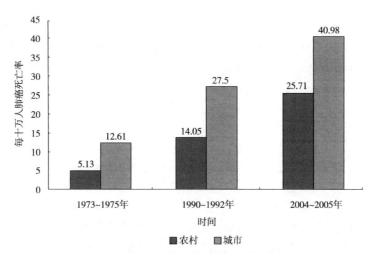

图 1-48　我国城市和农村肺癌在死亡成因中的比重

资料来源：《中国卫生和计划生育统计年鉴》

2008 年，我国与大气污染有关的死亡人数达到 50 万人，其中婴儿占 1/10，所估算出的过早死亡人数见图 1-49。由于每个省空气污染程度和暴露在城市中的人口不同，过早死亡人数最高的是山东、江苏、广东和四川。因为这些省份不仅有高密度的人口，同时也存在很严重的空气污染问题。太原燃煤污染区肺炎、支气管炎发病率为对照区的 3 倍。

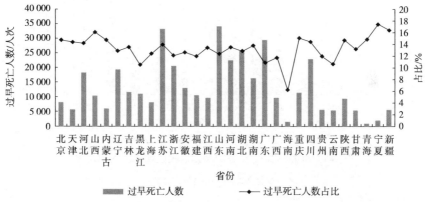

图 1-49　各省空气污染引致的过早死亡人数及占总死亡人数的比重

资料来源：http://s3.amazonaws.com/zanran_storage/www.econ.umd.edu/ContentPages/575735316.pdf

根据 WHO（World Health Organization，即世界卫生组织）2010 年的《疾病负担报告》，2010 年中国由于空气污染 $PM_{2.5}$ 所造成的死亡人数（归因死亡）高达

120 万人，其中脑血管疾病死亡有 60.5 万人，缺血性心脏病死亡有 28.3 万人，慢性阻塞性肺疾病死亡有 19.6 万人，呼吸系统癌症死亡有 13.9 万人，下呼吸道感染死亡有 1.05 万人。根据《京津冀地区燃煤电厂造成的健康危害评估研究》，由于该地区 196 个燃煤电厂大气污染物排放造成的 $PM_{2.5}$ 污染，2011 年，京津冀地区约 9 900 人过早死亡，此外，接近 7 万人次因污染而健康受损从而接受门诊治疗或住院。其中，河北省的 152 个燃煤电厂导致了 75%的过早死亡。居民生活环境质量下降，健康隐患增加，能源领域的革命刻不容缓。

污染问题的迅速蔓延，引发了巨额的卫生开支。严重的环境污染导致了健康与财富的双重损失。巨大的医疗开支给百姓民生增加了负担，中国家庭医疗支出的比重比起十多年前也几乎高出一倍，医疗卫生部门所接纳的病人数也明显上升。

从城镇居民的医疗保健支出水平来看（图 1-50），1990~2000 年，城镇家庭医疗保健支出份额连年上升。2000 年后，城镇居民的医疗保健支出上升到较高的水平，于 2005 年达到峰值，占现金消费支出的比重为 7.56%。2006~2012 年，医疗保健支出占比出现连续的小幅下降，但始终保持在 6%的水平以上。并且，随着二氧化硫排放量的上升，城镇居民的医疗保健支出水平呈现明显上升的趋势，见图 1-51。

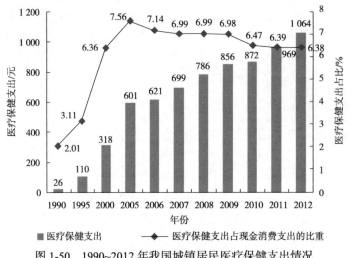

图 1-50　　1990~2012 年我国城镇居民医疗保健支出情况

资料来源：《中国统计年鉴》

环境污染的破坏与恶化也带来了环境污染治理投资的不断增加。2012 年，全国环境污染治理投资总额超过 8 000 亿元，其中工业污染源治理投资 500 亿元；环境污染治理投资总额占 GDP 的比重为 1.59%（图 1-52）。从结构上看（图 1-53），废气和废水的治理是环境污染治理的重中之重。可见，改变当前环境污染现状亟须能源革命的发生。

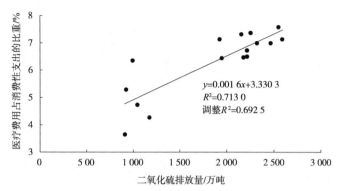

图 1-51　我国二氧化硫排放量与城镇居民医疗费用支出水平的关系

资料来源：根据《中国统计年鉴》的数据估计

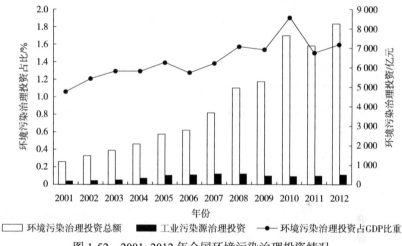

图 1-52　2001~2012 年全国环境污染治理投资情况

资料来源：《中国环境统计年鉴》

　　由能源生产与消费过程所引致的负外部性问题已严重阻碍了我国负责任大国形象的树立与生态文明的建设。我国作为碳排放及温室气体排放的头号大国，在向低碳发展转型和国际气候谈判的进程中，无疑将面临更大的压力和承担更多的节能减排任务。而在国内，能源利用导致的环境污染和生态破坏已威胁到人们的生命健康，节能减排刻不容缓。

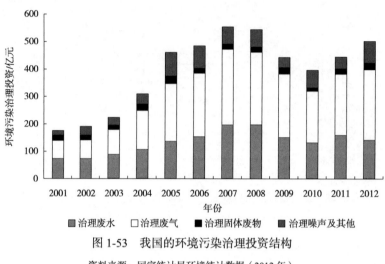

图 1-53　我国的环境污染治理投资结构

资料来源：国家统计局环境统计数据（2012 年）

（二）气候变化

由能源利用不当带来的环境恶化除了表现在大气和江海污染加剧、淡水资源日益短缺、生物多样性受到威胁等方面外，二氧化碳等温室气体的过量排放所引发的全球气候变暖问题也开始引发人们关注。由气候变化导致自然灾害发生的频率和强度都大幅增加，气候变化成为当今人类面临的最重大的挑战之一。

能源消费总量与能源结构直接关系到二氧化碳排放的总量与增长速度。工业革命以来，世界经济处在飞速发展中，不仅刺激了化石燃料的广泛应用，同时也使碳排放一路走高。目前，中国已经成为世界头号碳排放大国，见图 1-54。1985 年，碳排放方面美国一家独大，占据全球碳排放份额的 24.5%，中国时值改革开放初期，仅占 9.3%。经过几十年的发展，中国已然成为世界第二大经济体，同时也成了世界头号碳排放大国，排放总量占到全球份额的 26.4%，超过美国的 24.5%，见图 1-55。目前中国的经济仍然处在高速增长中，按照目前的趋势，碳排放还没有呈现出接近峰值的征兆。而世界发达经济体美国、日本在碳排放总量上已呈现出下降的趋势。

中国作为当前世界的头号碳排放大国，面临着巨大的国际压力。如果不做出正确的表率将有损我国负责任大国的形象，势必面临世界各国的指责。然而，目前我国减排压力巨大。第一，我国经济整体处于快速增长阶段，碳排放随着经济增长的规模效应不断上升，短时间内不会下降；第二，我国排放量区域过度集中，碳排放集中于重化工业中心和人口密集的东部大城市；第三，我国产业集中度很高，高耗能产业集群化现象很明显；第四，目前没有合适有效的减排政策工具能

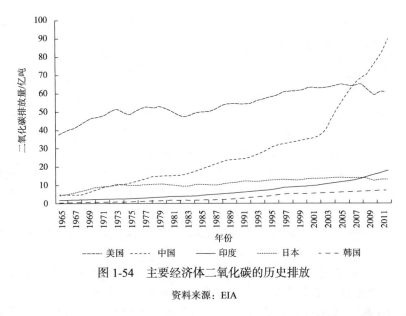

图 1-54　主要经济体二氧化碳的历史排放

资料来源：EIA

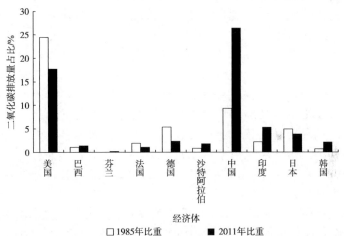

图 1-55　主要经济体二氧化碳排放量占全球二氧化碳排放总量的比重

资料来源：EIA

够使用；第五，碳排放与能源消费之间关系密切，而我国在能源消费上严重依赖煤炭资源，非常不利于碳排放的下降；第六，抑制碳排放势必会对我国的出口、就业、财政收入、投资以及整体经济增长造成影响；第七，抑制碳排放也将影响消费、投资与政府支出以及整体经济增长。

专栏　全球环境压力

随着全球工业化和城市化进程的加快，人类物质生活水平的提高，经济持续的高速增长，一方面，人类对资源和原材料的需求和消耗大量增加；另一方面，工业生产和城市生活所产生的大量废弃物不断排向土壤、河流，使全球环境污染危机进一步加重。工业文明造成的环境生态危机主要体现在三个方面。首先，发达国家的环境污染公害事件层出不穷。其次，海洋污染和海洋生态遭到破坏，使海洋环境严重恶化。最后，新污染源的出现，在加重了已有的环境污染危机程度的同时，还使环境污染危机向着更加复杂、更加多样化的方向转化。

20 世纪 70~80 年代，随着"石油危机"的冲击的出现和各种全球性生态问题的加剧，各种环保运动逐渐兴起。在这种情况下，1972 年 6 月，联合国在斯德哥尔摩召开了第一次"人类与环境会议"，会议讨论并通过了著名的《人类环境宣言》，由此揭开了全人类共同保护环境的序幕，这也意味着环保运动由群众性活动上升到了政府行为。这次会议加深了人们对环境问题的认识，扩大了环境问题的范围，冲破了以环境论环境的狭隘观点，把环境与人口、资源和发展联系在一起，力图从整体上解决环境问题[①]。自此，西方发达国家开始对环境进行治理，工作重点是将经济增长、合理开发利用资源与环境保护三者相协调，并制定长期政策。在环境污染的治理方面，发达国家建立多项制度，以对建设项目的环境影响和污染物排放总量进行评测、控制，从单项治理发展到综合防治。其主要做法是不断增加环境污染治理的投资，制定严格的法律条例，采取强制性措施，对污染进行预防和严控，努力净化、绿化和美化环境。在环境科学的研究过程中，西方发达国家从理论上和实践上都摸清了主要污染物的污染规律。到 20 世纪 80 年代，发达国家基本上控制住了污染，并普遍较好地解决了本国的环境问题。

1983 年 11 月，联合国成立了世界环境与发展委员会，要求该委员会以"可持续发展"作为基本纲领，制定"全球的变革日程"；并于 1987 年发布长篇报告《我们共同的未来》，正式提出了可持续发展的模式。1992 年，联合国环境与发展大会通过的《21 世纪议程》和《里约热内卢宣言》，就世界环境与发展问题共商对策，探求协调今后环境与人类社会发展的方法，可持续发展观念被普遍接受。里约峰会正式否定了工业革命以来"高生产、高消费、高污染"的传统发展模式，标志着包括西方国家在内的世界环境保护工作又迈上了新的征途——从污染治理扩展到更为广阔的人类发展与社会进步的范围，环境保护和经济发展相协调的主

---

① 梅雪芹.工业革命以来西方主要国家环境污染与治理的历史考察[J].世界历史，2000，（6）：20-28.

张成为人们的共识，"环境与发展"则成为世界环保工作的主题[①]。

除环境污染之外，全球气候的恶化也引起了世界各国的广泛关注。2005 年 2 月，《京都议定书》正式生效，这是人类历史上首次以法规的形式限制了温室气体排放。世界环境在不断恶化，生态问题的重要性日益凸显并逐渐演变为当今世界人类社会发展的核心问题。严峻的生态形势时刻提醒着我们，人类社会的发展应该是人与社会、环境、代际间的协调发展。人类社会的发展历程证明，如果人类赖以生存的生态系统不能持续地提供资源、能源、洁净的空气和水等要素，人类文明的持续发展就会失去基础，进而威胁到整个人类文明的发展进程。单纯的征服自然已不具有可持续性，生态文明是工业文明之后的必然选择和唯一出路。

联合国最新公布的研究结果显示，在过去 30 年中，虽然国际社会在环保领域取得了一定成绩，但全球整体环境状况持续恶化。国际社会普遍认为，贫困和过度消费导致人类无节制地开发和破坏自然资源，是造成环境恶化的罪魁祸首[②]。

世界经济发展和人类赖以生存的环境是不协调的，经济发展和人口增长给环境造成了巨大的压力。目前全球环境恶化形势严峻，主要表现在大气和江海污染加剧、大面积土地退化、森林面积急剧减少、淡水资源日益短缺、大气层臭氧空洞扩大、生物多样性受到威胁等多方面。同时，温室气体的过量排放导致自然灾害发生的频率和强度都大幅增加。从历史趋势看，1950 年以后，二氧化碳的排放量几乎呈直线上升；2005~2014 年，全球二氧化碳浓度上升了 5.3%。

全球平均气温呈明显的上升趋势。2013 年全球平均气温为 0.61 摄氏度，较 2000 年上升了 0.2 摄氏度。全球温室效应的危害主要有海平面上升与陆地淹没、飓风加剧、洋流变化、厄尔尼诺现象、气候带移动、植被迁徙与物种灭绝以及雨型改变等。

全球变暖，对中高纬度的地区影响最为显著。在沿海，亚热带地区的季风变得更加潮湿；在高海拔和高纬度地区则会更频繁地出现大的风雪；在大陆中部地区会出现较早的雪融和潮湿的春季，夏季到来的更早且更加漫长，干旱频繁发生。但是，正因如此，高纬度地区的农业条件会得到一定的改善。气候变化会引发海水边界的向北移动，海洋中的含冰量减少（图 1-56），沿海海平面每世纪上升几英尺（1 英尺=0.304 8 米）；自然灾害，如飓风和森林火灾等，也因此变得更频繁和更严重；除大量物种灭绝，人口死亡率也因此增加。

[①] 梅雪芹.工业革命以来西方主要国家环境污染与治理的历史考察[J].世界历史，2000，（6）：20-28.
[②] 方梦祥，金滔，周劲松.能源与环境系统工程概论[M].北京：中国电力出版社，2009.

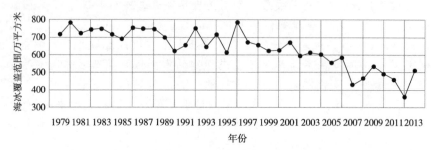

图 1-56　每年 9 月北极海洋冰量的历史趋势

资料来源：NASA

五、能源价格

能源价格与人们的生活息息相关，对日常生活的影响不容忽视。我国现行能源价格形成机制主要包括政府定价和垄断性价格。受我国现有能源体系和经济结构的影响，能源价格一直不能反映其资源的稀缺性，总体价格水平偏低。这不仅造成了巨大的浪费，也对我国经济结构的调整和生态环境的改善形成了巨大阻碍。当前，我国虽然在煤炭、电力等领域进行了价格改革的初步探索，并取得了一定的成果，但总体上未能对能源价格体制进行有效的改革。

（一）煤炭价格市场化

我国从 1993 年起，政府逐步放开了煤炭市场价格，对于电力企业计划内用煤实行政府指导价，在计划外电煤以及其他行业用煤的煤炭价格实行市场定价。从 2002 年起，我国逐渐放开了电煤指导价格，建立市场价格机制。目前，我国的煤炭价格除电煤外基本都实现了市场化定价。图 1-57 显示了秦皇岛港口动力煤（5 500 千卡/千克）的月度平仓价走势。在 2003 年年底之前，煤炭价格走势平稳；2003 年 12 月，煤炭价格为 275 元/吨，由于我国能源需求的大幅上涨，煤炭价格进入第一个快速上升的时期，到 2005 年 1 月，煤炭价格上升为 435 元/吨。2007 年 5 月至 2008 年 7 月，受金融危机影响，煤炭价格呈现第二次大幅度上升，至 2008 年 7 月，煤炭价格达到 1 000 元/吨；而在 2008 年 11 月，煤炭价格迅速回落到 590 元/吨。煤炭价格的第三个上升时期是 2009 年 7 月到 2011 年 10 月，从 545 元/吨上升至 855 元/吨。此后，煤炭价格呈现波动下降的趋势，到 2014 年 9 月，煤炭价格为 480 元/吨。煤炭价格的三次大幅上升和两次迅速回落，不仅受到煤炭开采和运输成本、煤炭市场供求关系、经济发展状况、煤炭替代能源发展、国际煤炭价格等诸多因素的影响，也受到如金融危机、福岛核电站事故等外生冲击的影响。

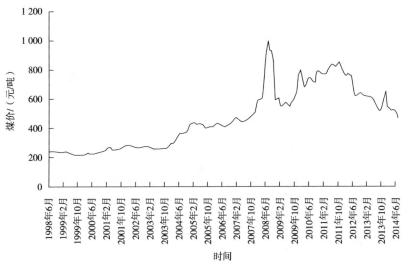

图1-57　秦皇岛港口动力煤（5 500 千卡/千克）的月度平仓价走势

资料来源：中诚信资讯数据库

　　虽然我国煤炭价格已经市场化，但是由于政府对电煤实行政府指导价，煤炭市场存在着比较明显的煤炭价格"双轨制"。我国60%以上的煤炭用于发电，当煤炭价格上涨时，由于国家对电煤价格的干预，电煤价格低于市场价格，煤炭企业难以履行煤电合同，出现变相加价、以次充好和合同供应不稳定的问题。当前电力行业市场发育程度不高，电煤市场竞争不充分，再加上地方政府的不当干预等，使作为煤炭行业的下游产品电价并没有市场化。自2006年以来，煤炭价格出现大幅的波动，但工业用电价格只增长了很小一部分，居民用电价格几乎没有发生变化，居民用电价格的绝对值与增长速度均处于国际偏低水平。"市场煤，计划电"使煤电价格联动没有得到很好的落实，成为空谈。

（二）油气价格行政管制

　　在成品油形成价格机制上，受行政管制的成本加成法无法随国际油价进行快速调整，见图1-58，当国际油价大幅攀升时，我国成品油价格会低于其生产成本，相关企业生产意愿不强，容易形成局部"油荒"。现在成品油的调价周期由22个工作日缩短到10个工作日，这使成品油价格调整的滞后有了较大改观，缩小了成品油价格与同期生产成本的差距，向市场化迈出了重要一步。

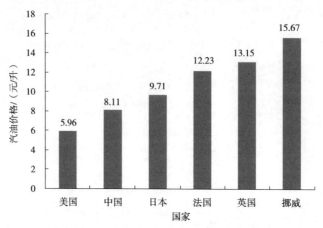

图 1-58　2014 年 8 月汽油价格主要国家比较

资料来源：全球汽油价格网

　　就天然气价格而言，我国天然气在上下游的定价均存在问题，在上游天然气的定价（天然气出厂价格）上，政府进行严格的管制，使天然气出厂价格处于较低水平。在下游天然气定价上，由于存在国家调控，定价尚不能反映生产、运输的成本。如表 1-4 所示，我国工业用天然气价格与其他国家基本持平，民用天然气价格低于世界上主要国家。天然气价格过低不仅导致我国进口天然气价格倒挂，而且导致天然气市场供不应求。我国天然气供需形势紧张，长期面临着"气荒"的威胁。为缓解这种局面，我国从 2006 年开始进口天然气，到 2013 年，我国天然气对外依存度已经达到 31.6%。

表 1-4　2012 年部分国家终端用户天然气价格（单位：美元/10^7 千卡）

国家	工业	民用
中国	566.4	486.3
加拿大	444.0	153.8
美国	455.1	164.6
英国	496.9	932.6
德国	659.5	1 167.1
法国	660.8	1 082.4
韩国	837.2	894.0
日本	995.1	964.2

资料来源：国家发展改革委价格监测中心；《中国物价年鉴》；IEA

　　因较高的能源对外依存度，我国格外关注国际能源价格波动对能源安全的影响。从 2000 年开始，世界主要三大能源价格出现了持续上涨过程。2008 年金融危机后，世界各主要发达国家经济体受到沉重打击，以出口为导向的新兴经济体国家产品出口受到严重影响，能源的总需求急剧减少，主要能源价格大幅下跌，其中原油从 100 多美元每桶下跌到 60 多美元每桶，煤炭价格从 150 多美元每吨的高位跌到 80 美元每吨，天然气价格也出现了小幅下跌。然而不久之后，随着金融危机的影响逐渐淡化，各国经济开始恢复，以及中印两大新兴国进入工业化、城镇化加速阶段，全球能源需求进入新一轮增长。到 2013 年，石油价格上涨到 100 多美元每桶，而煤炭价格在 2010 年更是达到了 100 美元每吨以上的价格，在此期间天然气价格也在持续上涨。然而，自 2014 年夏天开始，受美国页岩气革命和石油输出国组织（Organization of the Petroleum Exporting Countries，OPEC）宣布石油不减产的影响，国际油价出现大幅下跌，截止到 2015 年 1 月 22 日，布伦特原油价格大幅下跌，每桶原油价格较 6 月价格下跌超过 50 百分点，跌至每桶50.11 美元。原油价格的大跌也导致了其他能源价格的大幅下跌。国际主要能源品价格走势如图 1-59 所示，可以看出，在 2008 年之前基本呈现上升态势，而 2008年之后能源品价格波动幅度增加，加剧了能源相关行业的投资、生产和消费的不确定性。

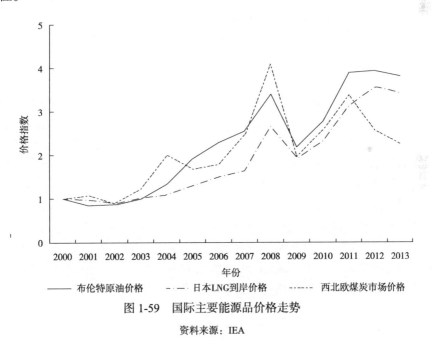

图 1-59　国际主要能源品价格走势

资料来源：IEA

（三）电力价格普遍过低

我国的居民电价水平远低于OECD的价格。2002年我国电价为0.46元/千瓦时，2010年调高到0.53元/千瓦时，但是仍远低于OECD欧洲国家的电价或OECD国家的平均电价，并且后二者的电价都有较大的增幅。2008年OECD欧洲国家的电价达到1.59元/千瓦时，是我国电价（0.52元/千瓦时）的近3倍，而OECD国家的平均电价（1.09元/千瓦时）也是我国电价的近2倍，见图1-60。

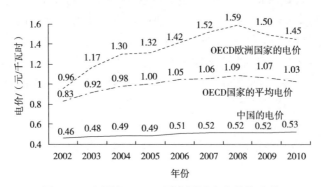

图1-60　中国和OECD国家居民电力价格比较

资料来源：国网能源研究院.2011国际能源与电力价格分析报告[M].北京：中国电力出版社，2011

我国工业用电价格较低。以2009年为例（图1-61），对比我国与部分国家的工业电价。我国工业用电价格为8.13美分/千瓦时，哈萨克斯坦、加拿大和美国较低，而意大利的工业用电价格达到27.6美分/千瓦时，我国存在一定的提升电价的空间。由于电力是重要的投入品，电力价格的高低对企业的设备选择和能耗水平有很大的影响。现行的电力价格对结构调整的积极作用不大，一定程度上甚至是造成产业结构调整效果不好的重要原因。

我国大陆居民电价在国际上处于较低水平。比较发现，在IEA统计的国家和地区中，除哈萨克斯坦的居民用电价格略低于我国大陆外，其余国家和地区均高于我国大陆。2010年，我国大陆全年平均居民用电价格为0.526元/千瓦时，仅为OECD国家平均值的一半，OECD欧洲国家平均值的1/3。丹麦为居民用电价格最高的国家，每千瓦时电的价格为2.346元，接近我国大陆居民用电价格的5倍[1]，见图1-62。

---

[1] 中国人民大学能源经济研讨会，2012.

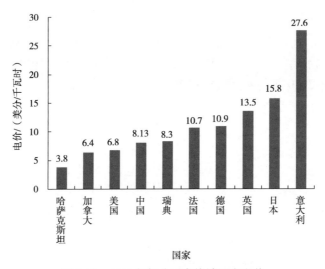

图 1-61　2009 年部分国家终端用户电价

资料来源：王庆一.2011 能源数据[M].北京：能源基金会，2011

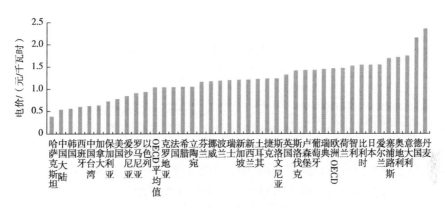

图 1-62　2010 年我国大陆与世界其他国家和地区名义居民用电价格比较

资料来源：我国大陆的数据来源于《中国物价年鉴》36 个大中城市平均值，由于我国大陆
同一电网覆盖地区的居民用电价格一致，因此 36 个大中城市的平均值大致可以等于
我国大陆城市居民用电价格的平均值；其余国家和地区数据来源于 IEA，
其中美国的电价为不含税电价

　　我国居民用电名义电价上涨不多，实际价格甚至有一定程度的下降。2002~2010
年这 8 年间，我国平均居民用电价格的年增长速度仅为 1.66%；与此相比，OECD
国家平均年增长率为 2.75%，OECD 欧洲国家平均年增长率为 5.28%。如果排除物价水平变动的因素，我国自 2000 年以来，最大的一次居民用电价格增幅仅为 2.6 分/千瓦时（2006 年），多数年份居民用电价格不变或仅上涨 0.06~0.2 分/千瓦时。如果考虑物价水平的上涨因素，则 2004~2008 年，我国居民实际用电价格持续下降，2000~2009 年的实际居民用电价格涨幅仅为 1.8%，平均年增长 0.2%，如图 1-63 所示。

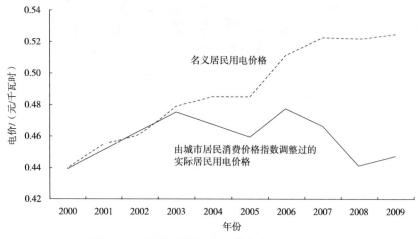

图 1-63　我国名义居民用电价与实际居民电价

资料来源：《中国物价年鉴》

　　这里需要特别强调的是，电力价格体系还存在一个很难评价的政策安排，就是终端电价的交叉补贴和普遍服务功能。由于我国民众和政府认为用电是基本公共服务，是生活的必需品，因而在制度上就建立了工商业补贴居民、城乡同价，以及电网企业承担电力普遍服务的功能。在我国的电价体系中，存在工业与居民、城市居民与农村居民、高电压等级用户与低电压等级用户之间的多种交叉补贴，见图 1-64。一般而言，工业用电电压等级较高，用电量大，供电成本较低；而居民用电的供给成本较高。相对于农村居民，城市居民的用电规模性明显，运输线路较短，因而供电成本较低。相对于电压等级较低的用户，高电压输电成本较低。与供电成本相悖，在我国的电力价格体系中，工业电价较高，而居民电价较低；城市居民电价较高，而农村居民电价较低；高电压等级的电价较高，而低电压等级的电价较低。

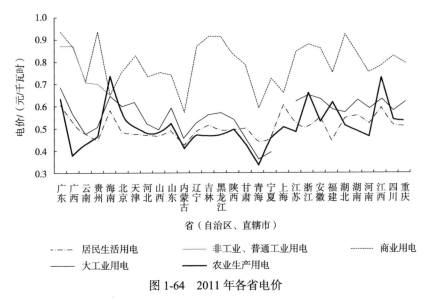

图 1-64　2011 年各省电价

多种电压下的价格按最低价算（即电压最高时的价格），峰谷平电价按平时段算，

湖北省按未开征城市公用事业附加费的电价算

资料来源：发改委关于调整华北电网电价的通知（发改价格〔2011〕2619 号）的附件；发改委关于调整

东北电网电价的通知（发改价格〔2011〕2620 号）的附件；发改委关于调整西北电网电价的通知

（发改价格〔2011〕2621 号）的附件；发改委关于调整华东电网电价的通知（发改价格

〔2011〕2622 号）的附件；发改委关于调整华中电网电价的通知

（发改价格〔2011〕2623 号）的附件

（四）能源消费占家庭支出比重很小

中国居民用电消费在家庭消费支出中占比较低。根据世界银行亚非发展中国家能源消费数据以及中国调查数据可知（表 1-5），2009 年，中国城镇家庭平均电力消费占总消费支出的比重约为 2.8%，与柬埔寨持平。在世界银行统计的10 个国家中，电力消费占比最低的为肯尼亚，城镇家庭电力消费仅占全年消费总额的 0.7%，乌干达次之，为 1.1%，孟加拉为 2.2%，泰国、印度、肯尼亚、越南等都高于中国。其中巴基斯坦城镇家庭电力消费占比约为 4.8%，高于中国70%。如果考虑全部能源消费在家庭全年消费总额中的比重，那中国无疑是这10 个亚非发展中国家中最低的，仅为 5.4%。其次为肯尼亚，能源消费比重为 6%，最高的是越南，高达 14%，是中国的 2.6 倍。2011 年城市居民电费占消费支出的比重，全国平均是 2.53%，比重最低的是新疆（1.5%），最高的是贵州（3.63%），见图 1-65。

表 1-5　2009 年部分国家电力消费和能源消费占家庭消费支出的比重（单位：%）

国家	电力消费	能源消费
孟加拉	2.2	7.1
柬埔寨	2.8	7.3
印度	3.6	11
印度尼西亚	4	8.8
肯尼亚	0.7	6
巴基斯坦	4.8	9.6
泰国	3.5	9.8
乌干达	1.1	6.3
越南	4	14
中国	2.8	5.4

资料来源：世界银行

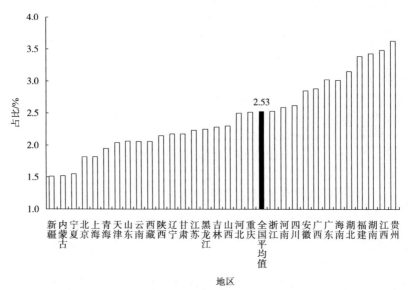

图 1-65　2011 年城市居民电费支出占消费支出的比重

资料来源：《中国城市（镇）生活与价格年鉴》

　　我国当前能源价格非市场化扭曲，能源性产品价格形成机制不合理，市场信号未能准确反映市场供求和资源稀缺情况，更无法反映环境污染等外部成本，导致能源需求过量，这种管制下的低能源价格不但不足以反映市场中不断变化的供求关系，也无法反映资源的稀缺性和能源产品之间的替代性和互补性，其后果更是严重阻碍了稀缺资源的有效配置。

近年来，政府对能源价格的改革日趋重视，在 2012 年的《政府工作报告》中提出进一步加强对能源价格的价格改革，涉及煤炭、成品油、天然气和电力多个方面。当前我国的能源定价机制仍处于不断摸索之中，成熟的定价机制尚未形成，总体来看，放松政府管制、打破垄断以进一步推进市场化定价是改革大方向。

六、能源安全

20 世纪 70 年代爆发的两次世界石油危机，石油价格暴涨使严重依赖石油的西方发达工业化国家的经济陷入危机，国际社会逐渐开始将能源安全、国家安全和经济安全紧密联系起来，使能源安全的内涵得到了极大的扩展。1974 年，以美国为首的西方发达国家成立 IEA，正式倡导了以稳定石油供应和价格为中心的能源安全概念，也据此制定了以能源供应安全为核心的能源安全保障体系，其突出标志是以战略石油储备为核心的应急反应机制在西方发达国家的普遍建立。20 世纪 80 年代后，国际社会面临着因能源使用带来的一系列环境问题，能源安全使用被视为能源安全的重要方面。"9·11"恐怖主义袭击后，发达国家对能源风险的认识进一步扩展到能源基础设施的安全。

一般认为，能源安全包含以下要素：首先是能源供应安全，包括保障国家经济独立性的能源对外依存、能源进口的稳定可靠、对能源价格和供应中断的抵抗能力。其次是能源使用安全，包括能源开采、运输和消费中的隐患和负外部性。最后是能源基础设施安全。

（一）能源供应安全形势紧迫

我国原油已探明储量在世界原油储量中占比较少，2013 年中国已探明原油储量占世界探明储量的比例为 1.07%，且该比例近十年来还呈下降趋势，具体情况见图 1-66。我国原油产量在世界原油产量中也占比偏低，2013 年中国原油产量为 2.1 亿吨，占世界原油产量的 5.04%，具体情况见图 1-67。

从国内供需情况来看，近年来原油产量虽然有所提高，但仍无法满足能源需求增长，供需缺口逐步增大，2013 年中国原油供需缺口为 2.99 亿吨，是 2000 年的 3.85 倍，具体情况见图 1-68。

从 1993 年开始，我国由石油净出口国变为石油净进口国且进口量逐年攀升，我国对进口石油的依存度也不断提高，见图 1-69。我国原油进口量从 2000 年的 0.7 亿吨增至 2012 年的 2.7 亿吨，年均增速达到 11.9%；同期原油进口依存度从 2000 年的 33%升至 2012 年的 58%，已经超过了 50%的国际警戒线，保障石油安全面临着越来越严峻的挑战。预计到 2020 年我国的石油对外依存度将高达 60%。

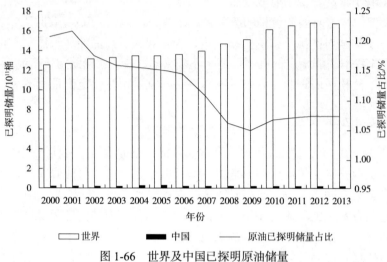

图 1-66　世界及中国已探明原油储量

资料来源：《BP 世界能源统计年鉴》

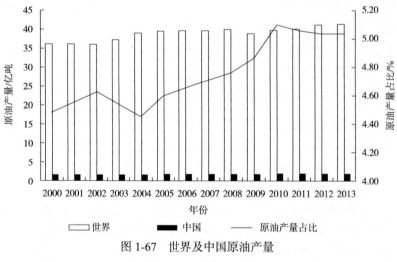

图 1-67　世界及中国原油产量

资料来源：《BP 世界能源统计年鉴》

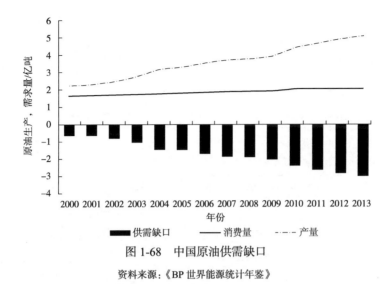

图 1-68　中国原油供需缺口

资料来源：《BP 世界能源统计年鉴》

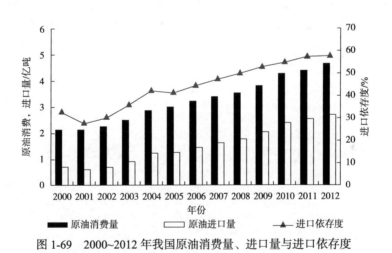

图 1-69　2000~2012 年我国原油消费量、进口量与进口依存度

资料来源：《中国能源统计年鉴》

　　我国天然气储量和产量占比偏低。2013 年，我国天然气已探明储量为 3.27 万亿立方米，占全世界已探明储量的 1.76%。2013 年我国天然气产量为 0.12 万亿立方米，占全世界产量的 3.45%，具体占比情况图见 1-70。

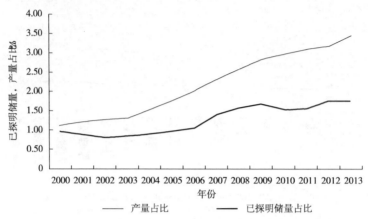

图 1-70　我国天然气已探明储量及年产量在世界的占比情况

资料来源：《BP 世界能源统计年鉴》

天然气消费在我国一次能源消费中占比不高。近年来，全球天然气消费在一次能源消费中的占比基本保持在 23%左右，变动不大。我国天然气消费占一次能源比例虽有所增长，但整体比例仍不大，2013 年占比为 5.1%，具体情况见图 1-71。

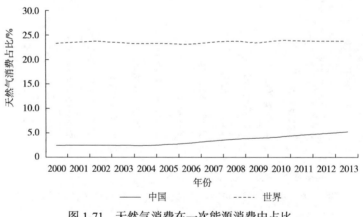

图 1-71　天然气消费在一次能源消费中占比

资料来源：《BP 世界能源统计年鉴》

我国天然气进口也在近年呈井喷式增长。2006 年我国天然气进口量为 10 亿立方米，进口依存度仅为 1.8%；到 2012 年，天然气进口量已达到 421 亿立方米，年增速高达 87%，同时进口依存度也上升至 28.8%，如图 1-72 所示。

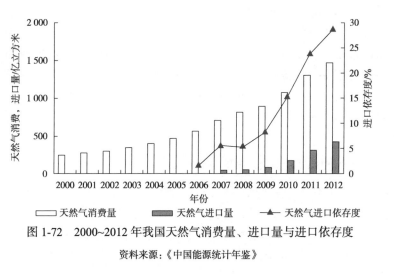

图 1-72　2000~2012 年我国天然气消费量、进口量与进口依存度

资料来源：《中国能源统计年鉴》

　　虽然我国煤炭资源丰富，但自 2009 年起，我国已由煤炭出口国变为煤炭进口国。2013 年，我国煤炭净进口量达 3.2 亿吨，对外依存度为 8.1%。随着我国能源需求的持续增长，我国已由能源的净出口国变为能源的净进口国。目前，我国的煤炭、石油、天然气均需从国外进口，能源的对外依存度在逐年加大。能源安全问题日益凸显。

　　我国的能源进口方式较为单一，进口的能源集中在几个国家上。当前我国进口最多的能源便是石油，由于世界石油资源集中分布在阿拉伯、俄罗斯、中亚等少数地区，我国进口的石油主要来自这些国家和地区。从统计数据看，我国原油进口量约有 45% 来自中东地区，非洲地区占进口总量的 35% 左右。仅从沙特阿拉伯、阿曼苏丹国、安哥拉、伊朗和俄罗斯五国的原油进口量就占我国总进口量的60%。一方面，由于部分产油国处于国际局势动荡的地区，局部冲突不断，暴力袭击时有发生，严重影响我国石油的进口安全。另一方面，除从俄罗斯进口的石油是通过管道运输外，其余进口石油均需通过海路运输。我国从中东、非洲进口的原油严重依赖于霍尔木兹海峡、马六甲海峡，原油的运输距离远，运输通道单一，安全防护较弱，大部分进口石油的安全保障程度较差，极易受制于人。以马六甲海峡为例，我国 80% 的进口原油要经过此地，然而该地区形势复杂，一些外部势力妄图控制马六甲海峡以遏住我国能源进口的咽喉；另外东南亚各国普遍对我国的崛起心存戒心，意图阻断我国进出印度洋的出口，积极同我国争夺南海的主权权益；以及近年来海盗活动日益猖獗，经过马六甲海峡的石油运输风险进一步加大。

我国现阶段战略石油储备体系建设才刚刚起步，在抵抗能源供应中断方面能力很弱。目前，我国国家战略石油储备一期工程已经完成，在四个国家石油储备基地共储备原油 1 243 万吨，大约为 9 100 万桶，仅相当于九天的原油消费量，远低于 IEA 建议的 90 天进口量。林伯强和杜立民认为，在当前我国石油进口需求的价格弹性相对较小的情况下，应对十年一遇的石油供应中断危机，最优的战略石油储备规模为 80 天进口量，而应对更大规模的石油中断危机需要更大的石油储备量[①]。

（二）能源使用安全不容乐观

能源的生产和运输过程通常存在污染环境、破坏生态及危害生命的负外部性。在能源生产过程中，典型以矿难为例。2011 年，我国发生煤矿事故 1 201 起，全年实际死亡人数为 1 973 人，煤炭百万吨死亡率从 2001 年的 4.67 下降到 2011 年的 0.67。我国历年矿难死亡人数和煤炭亿吨死亡率远远超过印度和美国，如图 1-73 和图 1-74 所示。

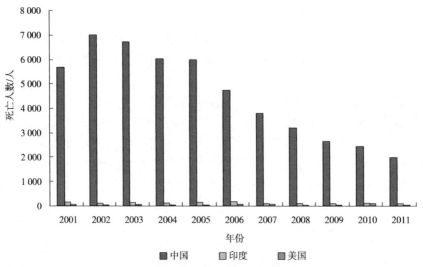

图 1-73　中国、印度和美国历年矿难死亡人数

资料来源：《BP 世界能源统计年鉴》；美国矿山安全与健康管理局；
国家安全生产监督管理总局

---

① 林伯强，杜立民.中国战略石油储备的最优规模[J].世界经济，2010，8：72-92.

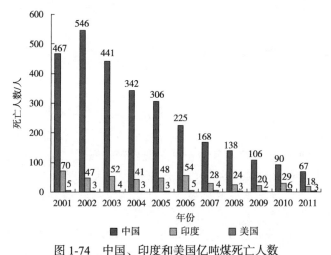

图 1-74　中国、印度和美国亿吨煤死亡人数

资料来源：《BP 世界能源统计年鉴》；美国矿山安全与健康管理局；

国家安全生产监督管理总局

此外，由于技术落后，又缺乏有效的保护措施，我国煤炭行业从业人员受到不同程度危害，包括粉尘、毒物、噪声、振动、高温、高湿等引起的职业病，尘肺病、慢（急）性职业中毒、职业性眼耳鼻喉病等，严重危害劳动者的健康。有些矿石还含有放射性氡及其子体，与粉尘结合形成放射性气溶胶，吸入后会对劳动者造成放射性损害。爆破和开采中产生的各种化学成分，如一氧化碳、氮氧化物、二氧化硫、醛类物质、油烟等均可损害劳动者健康。我国每年因氡及其子体致肺癌的死亡人数是美国的好几倍。煤炭行业职业病发生率在我国众多产业中长期居高不下，其尘肺病的发病总人数占我国尘肺病发病总人数的近 58%。

在能源运输过程中，以海上航运的石油泄漏为例，海洋石油污染造成了难以估量的损失。世界一半以上的年产石油通过油船在海上运输，这是全球石油产地和消费地分布不均造成的，也给海洋带来了油污染的威胁。1989 年 3 月 24 日，在美国阿拉斯加州附近海域触礁的油轮"埃克森•瓦尔迪茨号"造成 3.4 万吨原油流入威廉王子湾。2009 年 3 月，世界自然基金会发表一份研究报告，对 1989 年 3 月 23 日的原油泄漏事件进行跟踪研究，结果发现一次重大石油泄漏的后遗症消除需要的时间在 20 年以上，灾难发生地美国阿拉斯加州海岸，仍旧覆盖着大量的石油，油水混合物浸入了 25 厘米深的地下，甚至渗入了阿拉斯加州威廉王子海峡艾利洛岛。2004 年 12 月 7 日，两艘外籍集装箱船在我国珠江口水面相撞，无人员伤亡，但一船燃油舱破裂，450 吨重油漂向大海，在海上形成了一条长 9 海里的油带。这是我国船舶碰撞最大的一次溢油事故。而我国在海洋环境保护方面法律制度的缺失和应急处理能力的不足，大大削弱了能源使用的安全保障。

专栏　中国应鼓励进口煤

　　我国煤炭资源分布广，北富南贫、西多东少。目前全国大概有 12 526 处煤矿，其中接近 1 万处煤矿是 30 万吨以下的小煤矿，生产能力分散，生产集中度过低。同时，我国大多数煤矿地质条件复杂，自然灾害多，高瓦斯矿井占到了煤矿的 50% 左右，而 60%~70% 的煤矿是在复杂和极复杂的构造条件下进行开采，事故发生概率高。另外，大量的乡镇煤矿机械化程度很低，从业人员素质普遍较低，煤炭开采利用效率低下。过度和低效的煤炭开采破坏了生态结构，威胁了生命安全，降低了周边地区居民生活质量，给经济和社会带来了负面影响，成为社会不稳定因素。近 10 年来，伴随着我国煤炭产量以年均近 20% 的增速达到 36.5 亿吨的产量，煤炭生产安全、环境保护、煤炭工业可持续发展等问题也随之而来且日益严重，经济社会发展与能源紧张、环境污染的矛盾日益突出。我国应把煤炭进口作为解决困难的一个有效突破手段，缓解国内煤炭行业所面临的严重局面。

　　首先，进口煤可以降低跨区域运输的成本。我国煤炭生产偏西北、消费偏东南，导致了我国"西煤东运、北煤南运"的运输格局。煤炭行业中运输成本几乎占到煤炭成本的一半以上，铁路、公路的垄断地位，加之市场供需两旺，造成煤炭运价不断攀高。仅从运价上进行比较，从内蒙古包头到秦皇岛的吨煤运输成本要近 50 美元；如果从较远的新疆运到河南，运输成本接近吨煤 80 美元；而从美国进口煤炭，吨煤运输成本仅为 20 多美元。进口煤可以大大降低煤炭运输成本。

　　其次，2012 年以来国际市场煤炭价格大幅度下滑，为我国煤炭需求增长提供了契机，对平抑国内煤炭供求矛盾发挥了重要作用。进口煤一方面可以保存更多国内资源，减少环境和安全的压力，降低煤炭人员的死亡率。另一方面，价格竞争也可以促进国内煤炭企业节约成本，减少能源浪费，改进管理。

　　同时，可以利用低成本进口煤带来的产业洗牌机会，整合煤炭资源，推进煤矿兼并重组工作，提高煤炭行业的市场集中度，终结小煤矿时代，推进大煤炭经济，实施大基地大集团战略。煤炭行业集中度对全国重点煤矿死亡率影响为负，国家进行煤炭企业重组，提高煤炭行业集中度，能够降低煤炭百万吨死亡率，提高我国煤矿的安全水平。

　　值得关注的是，前不久中澳签署自由贸易协定意向书，我国取消了澳大利亚对华煤炭出口关税。意向书还显示，澳大利亚对华出口的包括铝土矿、炼焦煤、动力煤等能源和资源产品将在两年内免除关税。另一个值得关注的煤炭供应国是俄罗斯。除了在石油、天然气和核能等领域合作外，煤炭领域合作也是中俄两国政府重点推动的项目之一。2012 年，我国与俄罗斯能源部正式签署中俄煤炭领域合作路线图，基于此，我国自俄罗斯进口煤炭量也创下历史新高，突破2千万吨。此举不光能加大我国的能源多样性，保障能源安全，也大大缓解了资源大国在全球大宗商品价格持续下滑中所面临的经济打击，是双赢战略。

可见，进口煤具有巨大的经济效益和社会效益。我国应鼓励沿海、沿边地区拓展煤炭进口渠道，保障进口煤源的稳定可靠，以稀缺煤种和优质动力煤为主，稳步开展煤炭进口贸易。同时我国要完善能源结构调整的战略部署，与资源大国建立战略合作伙伴关系，签订长期的能源领域合作计划，保障我国进口煤炭数量和价格的稳定，为社会经济发展服务。

（三）能源基础设施安全亟须高度重视

能源基础设施是指为社会生产和居民生活提供能源供应的基本物质工程设施，不包括直接为军事、国防等提供服务的设施部分。能源基础设施安全风险是指由内外部各种不确定因素引起的能源基础设施损坏或故障，在经济、安全、社会影响等方面产生一系列负外部性。其风险主要包括两类：一是人为因素造成的能源基础设施破坏，包括人为的、有目的的主动攻击和操作失误（表1-6）；另一类是非人为因素造成的能源基础设施破坏，包括自然灾害、化学腐蚀、机械故障、控制系统失灵等。

表1-6　能源基础设施的人为风险

风险来源	产生类型		主要对象	形式	频率	后果
人为因素	主动攻击	物理攻击	油气输送管网	恐怖袭击、暴力判断、武装罢工等	高	严重
		网络攻击	电力网络、数据采集系统等	木马病毒攻击、网络钓鱼攻击等	—	—
	操作失误	外力影响	—	—	高	一般
		材料缺陷	—	—		
		误操作	—	—		

能源基础设施的空间分布广，同时具有社会关联性大、恢复能力慢、破坏后果严重等特征，因而极易成为暴力恐怖袭击的重点。其主要的后果包括四个方面：一是会导致直接的经济效益损失，并可能影响相关的上下游部门经济效益；二是安全事故可能引起人员的直接伤亡或者造成潜在的健康影响；三是能源基础设施损坏可能对周边空气、水体、植被等生态环境造成危害；四是会造成社会秩序混乱、心理恐慌等。根据国际能源基础设施攻击数据库的统计，2000年前暴力袭击能源基础设施的频率低于200起/年，而近年来已接近400起/年。

我国能源基础设施建设速度不断加快，2005年以来，我国管道输油（气）里程年均增长11%，6 000千瓦及以上电厂发电设备容量年均增长12%，核能源消费年均增长 9%。基于各类能源基础设施的不同环节、风险类型评价了风险频度和后果，见表 1-7。

表 1-7　未来我国能源基础设施人为风险评估

类别			油气基础设施			煤炭基础设施			电力基础设施			核能设施	其他能源设施
			开采炼制	储运	终端	开采安全	储运	终端	发电	输电	终端		
人为因素	主动攻击	物理攻击		↑			↓		↑			↑	
		网络攻击		↑					↑			↑	
	操作失误	外力影响		↑						↑			
		材料缺陷	↓			↓				↓			
		误操作		↑		↓						↑	

我国能源基础设施安全风险主要包括三个特征。

一是能源基础设施存量大、增量快，安全风险频度增加。在油气基础设施方面，随着管道和储运设施的进一步规划建设，非人为因素风险将保持较高的频率，且易成为外力攻击的目标。电力基础设施自动化管理水平不断在提高，非人为因素风险将有所减少，但其安全风险的后果与严重程度较大，由此加大了电力基础设施的风险等级。核能源基础设施的风险主要体现在风险后果的严重破坏性。

二是能源基础设施在地域分布上高度集中。在石油原油生产方面，2012 年我国黑龙江、陕西、新疆、天津、山东五个地区占总生产量的比例达到 77.5%，其中新疆等区域还属于暴力恐怖袭击多发区域，风险等级明显偏高。在电力生产方面，2013 年 6 000 千瓦及以上电厂发电设备容量分布在广东、内蒙古、江苏、山东、四川的比重达到约三分之一。这些省市对应的用电量在全国占比也较大，电力设施一旦受到破坏，产生的后果都较为严重。

三是现有管理水平和风险防控技术发展滞后。在管理方面，没有专业机构对能源基础设施安全进行统一宏观管理，基本上由运营企业自行管理；政府机构的管理也由各分散的部门对不同领域的能源基础设施进行管理。在法律法规方面，没有形成体系，现有法规基础都较为薄弱，导致政府部门在进行管理、处置的过程中缺乏较为权威的法律依据，企业的运营、主导地位难以完全确立，消费者和相关人员的利益无法得到合理保障。在数据统计和安全监测方面，整体上缺乏有效的信息统计和数据整理，只能通过新闻媒体等获得不完全信息，无法从宏观上进行把握和分析。同时，对能源基础设施的安全运行、风险监控等较为缺乏，基本上是企业在考虑自身效益情况下的自主行为。在风险应急方面，没有针对性的应急措施和应急预案，目前的处置方式属于"事后应急"的模式，缺乏针对不同能源领域基础设施的专业化预案和应急指导，一旦出现较大的能源基础设施安全问题，可能会引起较大的负外部性。在新闻、宣传等方面也存在报道不实、时效性不足等问题，对社会影响的正面性不强。

　　从以上三方面看，我国能源安全问题不容忽视。第一，我国能源对外依存度较高，而能源进口地和运输线路较为集中、应对供给中断的战略储备不足增加了能源供应的风险。第二，我国能源生产隐患多、使用不清洁，加剧了能源消费带来的负面影响。第三，我国能源基础设施规模庞大、分布集中，且其管理和防控落后，安全风险未能得到有效监控。

专栏　美欧国家能源基础设施安全管理经验

　　随着我国能源消费量的逐步增长，能源基础设施规模快速扩张，对能源基础安全风险加强管控的需求也越来越强烈。在此简单介绍一下欧美的能源基础设施安全管控方式，希望其经验有助于我国能源基础设施安全方面的建设。

　　1.事前防范：组织部门及法律体系

　　美国管道和危险材料安全管理局专门下设管道安全办公室对管道相关的安全法规进行管理落实，美国还在2001年后成立了运输安全管理局，负责管网运输安全；美国运输部、国土安全部和国家运输安全委员会出台了《联邦管道安全计划》《国家基础设施保护计划》等；美国能源管理委员会在2003年出台了专门针对能源基础设施信息安全的法规；针对日益频繁的网络攻击，美国还出台了《信息共享国家战略》，北约也有相应的《网络防御合作公约》等。

　　2.进程监测：风险评价体系、规范监测体系和数据库

　　欧洲建立了输气管道事故数据库（European Gas Pipeline Incident Data Group，EGIG）、石油公司欧洲环境健康安全组织数据库（CONCAWE），美国有能源重大事故数据库（Energy-related Severe Accident Database，ENSAD）等。欧洲对油气管道的长度、温度、湿度、管道直径、压力等指标实现全面监测，评估和识别风险因素和等级，找到监测漏洞并进行预警；还对管道运行每个环节步骤都进行了每两个星期一次的定期巡检制度；每五年对地下管网进行全面检修；设置短信预警平台，实现对能源基础设施监控的及时跟踪。美国国土安全部的《国家基础设施安全保护计划》对基础设施的低风险管理的体系、方法、流程等都做出了详细的规划；美国管道和危险材料安全管理局通过设置实地检查设施、开展安全事故调研、定期与相关经营主体会谈等形式，实现对管网运输安全的监督；美国国家运输安全委员会也定期发布专家对案例的总结和安全建议，预防同样事故的再次

发生。

3.风险处置：应急预案和应急计划

美国议会的《能源安全》对能源基础设施应急的相关政策法规进行了总结，包括能源安全赔付、紧急事件反应和处理等方面的内容。这些文件对能源安全事故制定了具体的应急处置原则，包括六个方面：一是针对不同的能源设施制定有针对性的应急预案，如联邦能源管理委员会允许油气管道在不进行成果评估或打破现有程序的情况下及时重启；二是进行足够的监督，要求政府在应急处置方面符合最低要求；三是要求时间处置中的关键人物相互熟悉并明确其基本职责；四是政府和企业要共同处置相关事件，责任共担，如美国国家运输安全管理委员会根据相关规定对圣布鲁诺管道事故中联邦政府、州政府和管道运营者的配合不足、监管缺陷等提出严重批评；五是各级政府要互相配合，如《国土安全法案2002》对联邦政府各部门的具体职责进行了详细的划分、《州际合作协定》对各州之间的配合进行了规范说明；六是重要决定要与民众对话协商，如联邦能源管理委员会规定对进行风险担保的客户进行优先赔偿。

七、能源强度

降低能源强度一直是我国政府的工作计划，《能源发展"十二五"规划》中明确提出"十二五"期间要把能源强度降低16%。近几十年间，由于技术的引进和生产方式的改变，我国能源强度不断下降，但比起发达国家，仍然有较大差距。同时过"黑"的能源消费结构、过"重"的经济结构、不合理的能源价格都不利于进一步提高能源利用效率，降低能源强度。

（一）能源强度仍有较大改善空间

我国过去的能源政策取得了显著的成效，以2005年为基年计算，根据《中国能源统计年鉴》，1990年我国单位GDP能耗为每万元2.31吨标准煤，2005年降为每万元1.28吨标准煤，15年间能源效率几乎提高了一倍。2005年以来，能源效率继续保持下降趋势，截止到2012年，能源强度下降到0.97吨标准煤每万元，累计下降24.5%，年均下降3.94%。

从国际上比较来看（图1-75），从1980年到2012年，我国经济结构逐渐改善，淘汰低端产能，引进国外生产技术都使能源强度不断降低。同为发展中国家的印度也经历了能源强度的大幅度下降。而发达国家的生产技术已经较为先进，其能源强度相对平稳。虽然我国能源强度下降幅度很大，但与发达国家和世界平均水平相比仍有一定差距，见图1-76，2012年，我国单位GDP能耗是世界平均水平的2.48倍，是OECD国家的4.7倍，说明我国能源使用的经济效率偏低，也从另一个角度表明我国的节能潜力巨大。

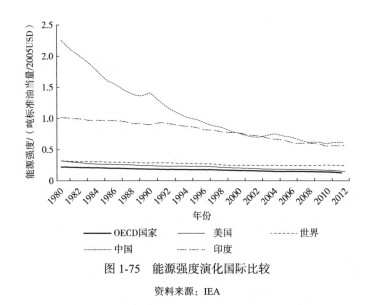

图 1-75　能源强度演化国际比较

资料来源：IEA

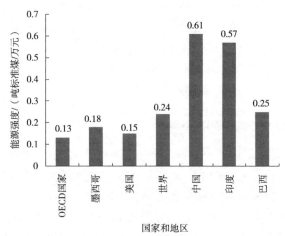

图 1-76　2012 年能源强度国际比较

资料来源：IEA

　　从主要工业品的能源消耗来看，我国的产品单耗指标同世界先进水平也存在一定差距。如图 1-77 所示，我国一些地区的重点大型企业单位产品能源效率已经达到较高水平，如全国千家企业（2006 年）的钢、原煤、合成氨、电石生产，以及浙江/广东省的千家企业（2006 年）在钢铁、合成氨、烧碱、原油、玻璃生产上已经接近甚至超过了国际先进水平，但是就全国平均水平而言，主要工业产品与国际领先水平仍存在 20%~50%的效率差异。

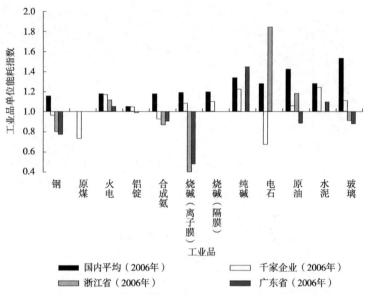

图 1-77　我国工业品单位能耗对比（国际先进水平=1）

资料来源：浙江省数据来源于浙江省能源消费与利用白皮书（2007 年）；广东省数据来源于广东省
千家企业能源利用公报（2007 年）；国内平均、千家企业、国际先进水平数据来源于
千家企业能源利用状况公报（2007 年）

（二）能源强度受制于能源结构

在我国一次能源消费中，煤炭消费占比一直处于 66%~71%。2000 年，煤炭消费量为 10 亿吨标准煤，2013 年增加至 24.8 亿吨标准煤，年均增幅为 7.2%。与此同时，全国煤炭需求并没有减少的迹象，预计 2020 年煤炭需求将达到 50 亿吨。在生产方面，我国化石能源的资源禀赋状况可以用"富煤贫油少气"来概括，这种资源禀赋特征使我国的能源消费以煤为主。我国煤炭储量丰富，资源量居世界第三位，而石油和天然气的储量则远远低于煤炭储量。

受以上种种因素影响，我国能源转型的难度较大。一方面，能源系统本身具有市场惯性，当前我国以煤为主的能源结构造成了与之相适应的管理制度、运行体制和系统标准等体系，并且形成了相应的利益分配格局。新兴的能源进入现有能源系统存在巨大障碍，一是引进新技术、新标准会带来额外的成本，二是现行能源格局下的利益相关者会进行阻挠。从国外的经验来看，能源结构调整需要较长的周期，一般而言，至少需要 20~30 年的时间。另一方面，我国落后的技术水平也不利于能源结构的调整。目前我国的能源利用技术与国际先进水平相比还有较大差距。例如，我国能源加工转换、储运和终端利用的综合效率仅为 36%，比发达国家低 10%。另外，在非常规能源的开采方面，与国际先进水平差距明显，不少低浓度矿井瓦斯无法进行抽采，每年约向空气中直接排放 200 亿立方米，能源被白白浪费。

　　总体能源消费结构过"黑"不仅是我国环境污染的罪魁祸首之一，也是导致我国能源高强度的重要原因。一方面，煤炭在开发过程中，会造成土地资源破坏进而造成生态系统的恶化。另一方面，煤炭在利用、运输等过程中会形成以酸雨、二氧化硫和烟尘为主要危害物的煤烟型大气污染。加之我国 85%的煤炭都是通过直接燃烧使用的，这种低效的使用方式造成了我国能源效率极低。从图 1-78 可以看出我国各类能源消耗与能源强度之间的关系。除煤炭能源外，水电、石油及可再生能源均与能源强度呈负相关，可见改善当前的能源结构将极大地提高我国能源使用效率。

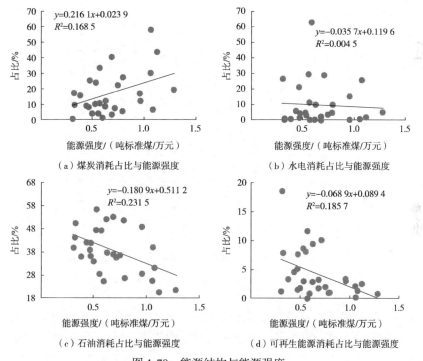

图 1-78　能源结构与能源强度

资料来源：根据 EIA 和世界银行的数据估计

（三）经济结构调整缓慢"拖累"能源强度

　　从能耗强度来看，以"两高一资"为主的经济发展方式是导致我国单位 GDP

能耗高的重要因素。由于各产业的能源消费强度不同，调整经济结构与转变经济发展方式有助于降低能源强度。2010 年，耗能产品和设备产量占全球的比重如图 1-79 所示，大部分的耗能产品和设备在我国生产。水泥、建筑陶瓷、微型计算机、手机等产品产量占世界产量的比重达到 60% 及以上；微波炉和房间空调器占比超过 70%；而电石占比最高，为 93%；汽车、合成氨等产品产量所占份额较小。并且，耗能产品和设备的生产能耗大都高于国际先进水平，以 2010 年为例，我国耗能产品能耗均高于国际先进水平的能耗，二者间差距最大的是自制浆企业（500 千克标准煤/吨），其次为电石电耗（340 千瓦时/吨）、乙烯综合能耗（321 千克标准煤/吨）、砖瓦综合能耗（300 千克标准煤/吨）。同时，耗能产品的生产耗电量也较高（图 1-80），单位产品耗电平均约为 2 810 千瓦时。可见，我国工业能源消费为高耗能结构。

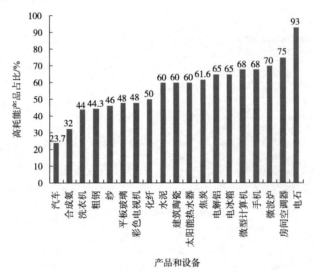

图 1-79　2010 年我国耗能产品和设备产量占全球的比重

资料来源：王庆一.2011 能源数据[M].北京：能源基金会，2011

　　通过与英美两国对比，可以发现制造业比重与能源强度有着密切关系，我国高能源强度与当前产业结构不合理紧密相关。图 1-81 显示了英美中三国制造业占比均与能源强度呈正相关，且我国制造业比重远高于英美两国。与英美两国相比，我国能源强度对制造业所占比重更为敏感，即制造业占比的轻微上升会造成更大幅度的能源强度上升。

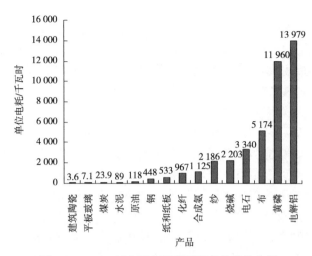

图1-80　2010年中国主要高耗能产品单位电耗

资料来源：王庆一.2011能源数据[M].北京：能源基金会，2011

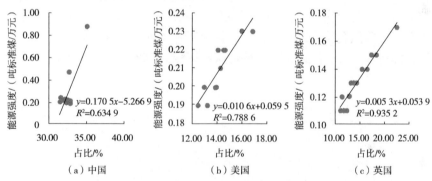

图1-81　中美英三国制造业占GDP的比重与能源强度

资料来源：根据EIA和世界银行的数据估计

（四）不合理能源价格恶化能源强度

一直以来，由于多种原因形成的能源性产品价格形成机制不合理，要素市场体系不健全，已成为经济发展呈高消耗、高排放、低效率的粗放型模式的一大症结。这种管制下的低能源价格不足以反映市场中不断变化的供求关系，也没有反映出资源的稀缺性和能源产品之间的替代性和互补性，其后果更是严重阻碍了稀缺资源的有效配置。随着市场经济的不断发展与日趋成熟，发挥价格机制来反映能源成本与供求关系以及降低能源强度，是实现节能发展的必要途径。如果能源价格上升，需求将会减少进而有效控制能源消费总量，并进一步促进节能技术的研发。

　　历年来，我国能源强度下降幅度很大，但与国际先进水平相比，仍存在一定差距。影响能源强度的因素较多，而我国以煤炭为主的能源消费结构、以制造业为主的经济结构，以及未能真实反映能源供给成本的过低价格均是导致我国能源强度较高的原因。除技术革新外，控制能源消费量、调整经济结构与纠正能源价格是提高能源使用效率的辅助手段。

　　综合以上来看，我国能源供给稳步增长，仍然难以跟上国内需求变化，能源缺口进一步加大，且能源投资长期不足；我国能源需求快速增长，且需求结构顽固性强，煤炭比重居高不下，需求总量仍在上升；经济结构中工业比重大，高耗能产业能耗居高不下；能源生产、运输、消费中的负外部性影响环境，使居民付出健康、医疗支出双重代价；能源价格总体偏低，未涵盖资源的稀缺性、能源的外部性，定价机制存在不透明；能源进口比重提高，尤其石油对外依赖程度越过50%警戒线，能源基础设施安全堪忧；能源强度高于发达国家，受到过"黑"能源消费结构、过"重"经济结构、不合理能源价格的不利影响。能源问题给我国经济进一步发展，跨过"中等收入陷阱"，实现绿色发展提出了挑战。我国能源监管部门一直致力于解决这些问题，但现行政策无法解决这些问题。中国要发展，不让能源问题阻挡民族的前进，就需要在能源领域进行一场"革命"。那么"能源革命"的目标和方向是什么？如何评估这些目标，"革命"的方向在哪里？这些我们将在第二部分为大家进一步分析。

第二部分 能源革命的目标和评估

一、能源革命的目标

伴随着我国经济的崛起，在主要发达国家能源消费总量趋于下降的情况下，我国的能源需求却在不断增加，并超越美国成为世界第一大能源消费大国。这导致我国的能源供给压力持续增加。我国"富煤贫油少气"能源禀赋限制，能源供应能力有限，无法满足日益增长的能源需求，使能源市场的供需缺口不断拉大，且并没有表现出逆转的迹象。为了保证能源供给，我国的石油和天然气的进口依存度不断攀升，与此同时，我国能源进口地区较为集中，容易受到国际动荡局势的影响，面临较大的安全风险。能源供给的不可持续性使未来能源发展存在很大的不确定性，带来了不容忽视的能源安全问题。

当前，我国能源性产品的价格形成机制不合理，市场信号未能准确反映市场供求和资源稀缺情况，更无法反映环境污染等外部性成本。能源价格非市场化扭曲，管制下的低能源价格导致能源需求过量，阻碍了稀缺资源的有效配置。过低的能源价格也是导致能源使用效率低下和能源消费结构僵化的重要原因之一。我国的经济结构长期以来以第二产业为主，高耗能产业能源消费占工业消费比重很高，使得我国的能源强度高出世界平均水平2.48倍，大大拉低了我国的经济增长效率。大量的能源消耗也给我国带来了严重的环境污染和生态破坏问题。从直接影响来看，能源的不当利用所排放的废水、废气一方面加剧了环境污染，损害了生物多样性；另一方面使气候环境恶化，导致酸雨、雾霾等极端天气频繁发生。从间接影响来看，在全球低碳化的潮流大势中，居高不下的环境污染物排放量严重影响了我国国际形象的树立，并对我国的出口、就业、财政收入、投资以及整体经济增长产生了一定的抑制作用。更为重要的是，环境污染严重危害了我国居民的生命健康。

如前所述，当前我国能源领域存在的主要问题可以归纳为以下五点：一是供给持续不足、需求过于旺盛，在经济大幅增长、能耗水平已经较高的情况下，我国本身的能源供给增长速度落后于能源需求增长，油气资源表现得尤其明显。二是经济结构中第二产业占比较高，尤其是高耗能产业产能和能源消耗高居不下。三是能源利用的负外部性明显，能效和能源质量偏低等一系列因素造成了诸如环境污染等负外部性问题。四是能源价格非市场化扭曲，受我国传统价格体制的影响，能源价格整体上无法体现能源生产与供应的全部成本，在一定程度上存在扭曲。五是能源安全备受威胁，缺乏足够的战略储备、组织管理、法律规范、风险防范及应急预案等。为推动能源消费、能源供给、能源技术和能源制度四方面的革命，我们认为，能源革命的目标应该由确保能源供给、调整经济结构、治理环境污染、应对价格冲击、保障能源安全五个维度构成，如图 2-1 所示。

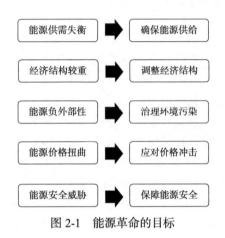

图 2-1　能源革命的目标

二、能源革命目标顺序及其评估

在讨论能源革命方案是否能够达到既定目标时，应当分清轻重缓急，因此有必要对上述五个维度的能源革命目标进行顺序评估。

（1）确保能源供给应居首位。能源乃一国发展之根本，安全之大忌。它不仅是经济发展中必不可少的投入品，对人们的生产和生活有重要的影响，还直接关系到一国的宏观经济增长、微观企业的盈利能力等，同时也是一国军事、政治的基础。能源需求与经济发展水平之间呈现 S 形曲线的关系。工业化前期，能源需求增长缓慢；工业化过程中，特别是在工业化中期，由于重化工业加速发展，能源需求快速上升；完成工业化以后，能源需求将保持稳定或略有上升。我国正处于工业化中期向工业化后期过渡的历史阶段，相应地，能源需求保持较高的增长速度。在此条件下，确保能源供给仍将是推动经济增长的基石。在我国"富煤贫油少气"的能源禀赋，以及核能、风能和太阳能发展能力不足的现状下，保障能源供给，无论是对经济的高效运行还是对人民生活质量的改善，都将是了不起的成就。

（2）治理环境污染应该受到足够的重视。伴随着能源消费的持续增加，我国能源利用所带来的污染排放问题也越发严重。能源的低效使用会带来巨大的负外部性，包括能源本身的浪费和对环境的破坏。近年来，在国际上，气候变暖和能源领域的生态价值受到广泛关注；在国内，酸雨、雾霾等极端天气也已经对人民生命健康产生了极大的威胁。因此，能源的清洁使用不仅是顺应全球低碳化的潮流大势，也是保障人民生命健康的重要途径。

（3）能源消费革命需要与经济结构转变相互促进。改革开放以来，我国经济增长的主要驱动力来自技术引进和大量的投资、出口，其中能源的大量消费和使用是经济增长的重要支柱。从因果关系来看，这种粗放式的经济增长模式不仅使能源消费结构固化，而且导致了能源资源的浪费和低效利用。目前，我国正处于经济结构转型的过程中，未来5~10年我国经济增长的驱动力将是技术进步和制度改进。具体来说，技术进步就是对现阶段信息化技术运用以及未来新兴技术行业的支持，通过对新兴生产力的培育和引导促进经济增长；制度改进就是对现阶段突出的结构性问题进行深入分析和解决，充分发挥政府和市场的不同资源配置作用，通过对现有生产力的释放促进经济增长。在经济增长模式从粗放型向集约型转变的过程中，能源消耗量和能源利用效率将得到减少和改善。同时，优化经济结构的有效方案也需要进行逆向推理，即可以通过能源的清洁、高效利用来促进经济结构转型，从而保证经济的持续高效运行。

（4）能源价格对企业和居民的冲击也不容忽视。由于能源属于一种特殊的商品，有效的能源价格不仅需要准确反映市场供求关系，促进资源的有效配置，同时也一定要兼顾居民对价格的可接受性，保障社会的公平性与发展的可持续性。这里需要特别指出的是，在评论能源价格高低时，将价格本身和其占家庭消费比进行国际比较意义不大，各个国家的资源禀赋本来就不一样，高收入国家可能能源价格不高，低收入国家也可能面临支付较高价格的情况。对价格高低的正确评价方式应当是考察价格是否反映了生产过程的全部成本。

（5）我们也要重视能源安全问题。在国际政治经济形势日益复杂的情况下，能源供应是否安全关乎我国经济能否畅通平稳运行，更进一步，能源供应安全甚至关系到社会稳定和国防军事战备。此外，安全是能源利用技术提高和效率提高的重要基础，能源利用安全问题也是涉及我国社会能否持续进步的重要因素。因此，此番能源革命应对能源安全问题有所关注。

基于上述标准和分析，改革的目标应当是在确保能源供给的前提下，首要解决污染问题，然后才是调整价格水平的高低。笔者认为，能源革命评估的先后顺序依次为确保能源供给、治理环境污染、调整经济结构、应对价格冲击、保障能源安全。从我国现有的能源供应体系来看，主要能源满足上述目标的特性如表2-1和图2-2所示。

表 2-1　现有能源供应体系的改革目标特性

主要能源	确保能源供给	治理环境污染	调整经济结构	应对价格冲击	保障能源安全
煤炭	√			√	√
石油	√			√	
天然气	√	√	√	√	
核能	√	√		√	
水能	？	√	√	√	√
风能		√	√		
太阳能		√	√		

注：？表示水能对确保能源供给目标的实现的影响不明确

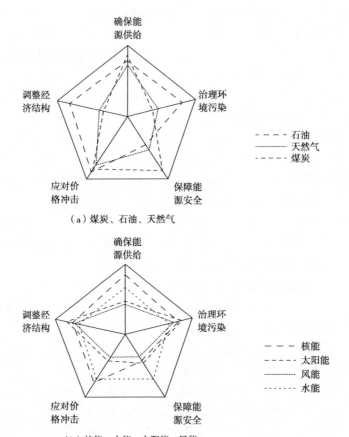

（a）煤炭、石油、天然气

（b）核能、水能、太阳能、风能

图 2-2　主要能源品的改革目标特性

就煤炭而言，由于我国的煤炭储存量较为丰富，因此能够满足能源供给、价格低廉以及能源安全的目标。但与此同时，我国煤炭产业链的相关技术和安全设施等方面技术创新不足，使用的煤炭品质不高，燃烧效率偏低，造成大量的资源浪费。在此条件下，煤炭的大量使用无疑会加大环境污染物的排放，并且不利于经济结构的调整。但是如果能够实现煤炭的清洁利用，将能有效克服上述问题。

就石油而言，尽管我国通过增加石油进口满足了目前的能源需求，但进口依存度过高会导致能源安全问题不断升级。一方面，我国的石油进口来源地较为集中，对政治、外交等相关因素的依赖性较强；另一方面，石油运输航线和管道等各方面的安全管控也有较大的压力。另外，我国石油价格相对较低，对企业和居民的冲击较小，但价格低廉导致资源过度使用，使环境污染治理和经济结构调整的目标难以实现。所以，攻克石油领域的这些困境仍然任重而道远。

就天然气与核能而言，能够同时实现保证能源部分供给、降低污染治理成本、优化经济结构以及保障企业和居民应对价格的能力的目标。但是，由于我国自身的能源禀赋限制以及核能推广的难度，天然气与核能均无法满足"能源安全"的目标，也不能完全保障能源供给。天然气对管道储存和运输等要求较高，形成的管道网络一旦出现问题，就会对供给和安全同时造成负面影响；核能设施虽然发生安全问题的概率不大，但一旦发生问题，其后果的严重程度将远高于其他能源设施。因此，如何在能源革命中合理利用天然气与核能，使其效用最大化，应成为新一轮革命关注的问题。

在水能方面，我们清晰地发现，我国的水能供应体系能同时满足治理环境污染、调整经济结构、应对价格冲击以及保障能源安全的目标。但值得注意的是，我国的人均水能资源有限，并且水能资源在过去几十年已经得到了充分的开发，进一步发展的潜力不大，在实现能源供给方面存在很大的不确定性。

从新能源来看，其推广利用不仅有利于环境保护，而且有助于经济结构调整，因此受到人们的推崇。但是，从新能源发电量和全社会新增用电量的历年趋势来看，新能源发电量在满足电力需求方面的作用十分有限，不足以担当起支撑全社会用能的重任。此外，新能源的开发利用需要极高的成本，导致其价格较高。为发展新能源，使其价格与化石能源具有竞争性，政府从多个方面对相关产业进行支持，耗费了大量的能源财政补贴。如果依靠新能源进行革命，这一财政负担会随着新能源比重的增加而继续增大。因此，依靠新能源实现能源革命是不切实际的。

三、能源革命的"不可能三角"

讨论能源革命，既需要关注效率，也需要关注公平，不能忽略欠发达地区的发展权问题；既要让市场起作用，在市场失灵部分让政府发挥作用的同时，还得防止政策失灵。由此观之，决策者处于相当困难的境地。在确保能源供给的前提下，我们能否有一个"既能，又能，还能"的打破"不可能三角"、兼顾各种目标的改革方案？若没有，政策目标的优先序为何？完成这些需要的配套措施有哪些？改革的红利如何分配？改革的损失如何弥补？有无配套措施使改革红利和改革成本挂钩，以降低改革的阻力？

我们单看每个维度的改革，实现起来并不是十分困难，见图2-3。第一，确保能源供给，满足企业和居民日益增长的能源需求，尽管不容易但可以做到，即加大能源开发力度和能源进口强度。第二，治理环境污染，可以通过调整能源需求结构，减少煤炭使用达到；还可以通过能源的清洁利用，如使用脱硫脱硝和减少二氧化碳排放的技术，来降低二氧化硫等本地污染物和二氧化碳的排放。第三，调整经济结构，可以降低第二产业的比重，淘汰高耗能、高污染产业，同时鼓励第三产业的发展。第四，降低价格对企业和居民的冲击，由于当前的新能源无法满足巨大的新增能源需求，煤炭仍将是满足我国日益增长的能源需求的主力军，因此实现途径就是尽量使用低成本的煤炭和技术，不额外投资减少污染所需要的设备和技术，并通过发电市场的充分竞争和政府对自然垄断部分的严格管制，来确保电力价格反映其生产成本。第五，保障能源安全，可通过加强国际合作，规避可能面临的政治风险，保障能源供应安全；另外，通过加强能源利用技术，尤其是保障能源基础设施的稳固，保障人民的生命财产安全。

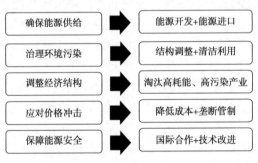

图2-3　能源革命的"不可能三角"——单维改革

在五个目标维度中，做到"二维兼顾"也并不困难，见图2-4。例如，"确保能源供给"和"保障能源安全"同时实现是很容易的，途径之一就是使用那些成本较高，但污染较少的新能源，辅之以使用脱硫脱硝技术和二氧化碳减排措施的火电。类似地，"治理环境污染"和"应对价格冲击"也可有效兼顾，如只使用清洁且成本低的能源。"确保能源供给"和"应对价格冲击"同时实现就更容易了，通过发展成本低的火电就很容易做到。

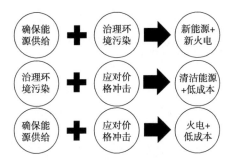

图 2-4　能源革命的"不可能三角"——二维兼顾

　　问题的关键在于，同时实现上述五个目标是相当困难，几乎是做不到的，很难找到一种能源结构和体制来确保社会渴望的"既有能源用，又没有污染，价格还便宜"这三个目标能够同时实现。例如，使用成本较高、污染较少的新能源，辅之以火电的方法，在实现了确保能源供给和治理环境污染的基础上，无法在应对价格冲击、调整经济结构和保障能源安全方面满足基本目标。新能源本身的使用成本偏高、稳定性不高，并且极易成为攻击目标，而火电是经济结构中第二产业的重要组成部分，这一方案也只能满足二维的改革目标。又如，使用清洁且成本低的能源这一方案，能够很好地满足治理环境污染以及应对价格冲击的目标，但是在确保能源供给、调整经济结构和保障能源供给方面没有办法满足。发展低成本的火电本身能够满足确保能源供给和应对价格冲击的目标，但如前所述，火电本身对于调整经济结构和治理环境污染产生的作用都是负面的，无法满足这两个目标；而对于满足能源安全的目标，受制于成本因素，对安全风险的防控和监管力度就会是有限的。或者某两个方法能够实现三个目标，如使用清洁能源和低成本的火电两种方法结合，可以实现治理环境污染、应对价格冲击和确保能源供给的目标，但这两个方法本身存在冲突，清洁能源本身对成本的要求就比较高，会对冲低成本火电在价格方面的优势。因而，我们说存在某种程度上的"不可能三角"，见图 2-5，即"既要，又要，还要"，包含三个甚至以上能源改革目标的方案是不存在的，我们总想充当"既先生"（姓既，名又还），但这是不符合实际的。从政策管理方面来讲，现有的方案哪个能够满足我们的设想？是需求侧管理，涨价；还是数量控制？从能源类别方面来讲，哪些能够实现我们的目的？是新能源，核电；还是煤炭的清洁利用？

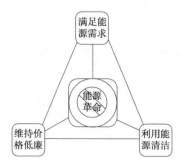

图 2-5　能源革命的"不可能三角"

由上述问题不难发现，我国决策者在能源革命上处于非常困难的位置。以电力体制改革为例，作为特殊商品的电力，其影响和实际生活中的重要性并不相称。电力的生产、消费和价格的任何风吹草动都会引发热烈讨论。与众多的政策辩论不同，电力的争论常常显得非常诡异——要么截然对立，要么鸡同鸭讲。前者体现在电力行业是天使还是魔鬼、电网拆分与不拆分、调度中心是否独立、输配是否分开等方面；后者体现在输配分开与竞价上网，环境税与交叉补贴，拆分电网、打破垄断与大用户直供等方面。单独看，也许每一个提议都是对的，但把它们都放一起来看，相互之间既可能不搭界，也可能相互冲突。诡异的背后其实反映了电力这个商品特殊的地方：技术上需要实时平衡，生产组织上部分有自然垄断性质，发电过程会有大气污染物和二氧化碳等排放，此外，作为生活必需品，电力供应多了生活保障方面的考虑。因此，讨论电力，既需要考虑效率，也需要考虑公平；既要让市场起作用，在市场失灵部分让政策发挥作用的同时，还要防止政策失灵。推而广之，整个能源领域也几乎面临着同样的争论，在众多需要解决的问题中分出主次，评估改革中正面和负面作用的大小是一项任务艰巨的工作。显然，改革需要尽可能地保留优点，解决问题。

总而言之，能源革命的目标冲突是明显存在的。根据目前的能源发展情况和可能的解决路径，单个目标的解决方案是容易找到的，二维目标的达成在某些情况下也能够实现，但是要同时实现三维甚至更多的目标，在目前条件下是一定不可能的。一方面，同一个方案不可能同时满足三个目标；另一方面，两个或者单个方案的组合有可能能够满足能源革命的目标，但是这几个方案之间本身会存在冲突，相互抵消各自的优势作用。

我们谈论改革，总是因为有某个方面做得不好。因此，评估改革，我们需要在考虑我国特定的政策取向的前提下，对现存的产业做个评判，其次提出改革的路径和思路。基于上述讨论，我们将在后续章节对各类能源情况进行梳理，首先对现行煤炭行业、油气行业、电力行业和核电的绩效做简单评估，其次讨论改革方案是否能够解决问题并提出改革建议。

四、能源革命的条件

我国能源革命面临着诸多不利条件和有利条件。其中，不利条件包括革命目标相互冲突、能源供给结构难以优化、地区发展权问题等；有利条件包括能源需求增速趋缓且能效提升具有空间、污染治理共识、居民能源支出少、政策工具创新，以及垄断企业效率提升等。

革命的首要不利条件是革命目标相互冲突，各项目标难以同时实现。如前所述，能源革命目标可以分为确保能源供给、治理环境污染、调整经济结构、应对价格冲击和保障能源安全。就单个目标来看，满足起来并不困难，如可以通过能源开发和能源进口确保能源供给，通过能源结构调整和能源清洁利用治理环境污染。若要同时满足两个目标也不困难，如可以通过发展新能源和新火电来达到确保能源供给和治理环境污染的目标，还可以通过发展火电和降低发电成本来达到确保能源供给和应对价格冲击的目标。但是，若想同时满足三个或三个以上改革目标就很难了，甚至可以说不可能。例如，煤电可以满足能源供给、维持能源低廉价格，却不能达到利用清洁能源的目标；核电和新能源可以满足利用清洁能源，却不能实现满足能源需求和维持能源低廉价格的目标。因此，在能源革命过程中，我们必须要意识到革命目标之间的冲突，进行必要的权衡取舍。

能源供给结构难以优化指基于我国"富煤贫油少气"的资源禀赋，以煤炭为主的能源供给结构在未来一段时间内很难得到改善。在煤炭持续高产量的情况下，我国煤炭占一次能源供给比重长期维持在70%左右；我国石油、天然气储量较低，且石油已濒临开采殆尽，若未来没有新油气田被发现，则二者的需求将主要靠进口满足，因而不具备成为我国能源支柱的条件；我国核电和新能源虽然近年取得了显著发展，但供给量依然很低，尚不足以满足每年的新增用电量，因此也难以发展为主要能源供给来源。基于上述条件，我国能源供给结构优化将存在很大困难。

地区发展权问题指节能减排政策对地区经济发展的影响。我国能耗大的地区普遍经济发展水平较低，并且经济发展依赖于高能耗产业，若盲目对此类地区实施严格的节能减排政策，将严重制约当地的经济发展速度。这些地区的高能耗产业为全国提供了商品和原材料，同时本地承受了较高的外部性成本。经济较发达的地区在享受经济欠发达地区提供的产品时，理应对产地的外部性成本予以补贴。因此，在对能耗高的地区施行节能减排政策时，必须要考虑到其发展权问题，为落后地区的经济发展留足空间。

上述不利条件或多或少阻碍了能源革命的进程。但是，诸多有利条件也成为能源革命的基础。首先，能源需求增速放缓且能效提升具有空间。虽然从能源消费量历史数据来看，我国近年来能源消费量上升显著，拥有较高的增长率，但是随着我国致力于针对高耗能产业的经济结构调整和技术水平升级，未来能源消费量增长率很可能会下降，能源消费总量甚至会出现拐点。特别是，国务院已经提出了到2020年将一次能源消费总量控制在48亿吨标准煤的目标(《能源发展战略行动计划（2014—2020年）》)。

我国现行的能源政策并没有起到鼓励能源效率提升的作用，以煤耗企业为例，表2-2反映了我国不同煤耗企业的发电小时数情况。可以看出，煤耗水平和发电小时数并没有显著的相关关系。将煤耗水平按从小到大排序，其中煤耗最低10%的企业平均发电小时数为5 145.7小时，中位数为5 741小时，最大值为8 139小时，最小值为193小时；煤耗最高10%的企业平均发电小时数为3 968.1小时，中位数为3 654小时，虽然平均数和中位数都小于煤耗最低10%的企业，但是其最大值到达8 573小时，为各煤耗区间企业发电小时数最大值中的最高值。也就是说，存在煤耗水平非常高的企业，其发电小时数也达到非常高的水平，这十分不利于我国煤耗企业整体能源效率的提升。由各个煤耗区间的发电小时数的平均数和中位数也可以看出，在煤耗由低到高的六个区间中，前五个区间的发电小时数平均数和中位数都随煤耗强度增加而降低，而这两个指标又在第六区间出现回升，表明煤耗最低的企业生产了较多的电力。如果以各个煤耗区间的发电小时数最大值和最小值作对比，结果就更加显而易见了。如前所述，最大值的最高值出现在煤耗强度最高的区间，而最小值的最高值则出现在煤耗强度的第三个区间，这都与电力产量应随煤耗强度增加而减少的情况不符。科学的、鼓励能源效率提升的发电方式应当是使煤耗低的企业拥有高的发电小时数，这可以通过优先购买煤耗低的企业生产的电力来实现。

表2-2　不同煤耗企业的发电小时数情况

分位点	煤耗/［克/（千瓦·小时）］	平均数/小时	中位数/小时	最大值/小时	最小值/小时
最低10%	小于等于310	5 145.7	5 741	8 139	193
20%	（310，332］	5 185.9	5 492	7 867	302
20%	（332，356］	5 023.6	5 187	7 958	665
20%	（356，403］	4 533.7	4 870	8 436	178
20%	（403，511］	3 443.7	3 092	8 362	35
最高10%	大于511	3 968.1	3 654	8 573	11

资料来源：《2011年电力工业统计资料汇编》

考虑到我国能耗企业能源效率与产出量不相关的情况，通过政策调整促进能源效率高的企业提高产出，能源效率低的企业退出市场，将给我国整体能源效率提升带来很大空间。

治理污染共识指随着我国环境污染情况日益严重，以及居民收入水平提升带来的对良好环境质量需求的提高，公众对于环境污染治理已达成共识。公众对于环境治理的普遍认同将有利于相关政策的制定和实施，排除各类压力，得到社会的认可。

居民能源支出少指我国居民的能源类支出占消费总支出的比重很低。能源革命将不可避免地对居民能源消费产生影响，如能源价格提升将使居民将更多的收入用于能源消费，相应地，居民用于其他类型商品的支出将会减少。若能源消费占总消费的比重很高，能源价格提升将对居民消费结构产生很大影响，这也意味着提价将面临很大阻力。然而，我国居民能源支出占消费总支出的份额非常小，这就表明能源改革并不会对居民的消费水平和消费结构产生显著影响，因而有利于能源改革的实现。

图 2-6 展示了 2011 年我国各省（自治区、直辖市）城镇居民能源支出占家庭总支出的比重。可以看出，能源支出在家庭支出中占比不高，占比最高的地区为吉林省，其能源支出占家庭支出的 8.1%；占比最低的地区为上海市，其能源支出仅占家庭支出的 3.2%。

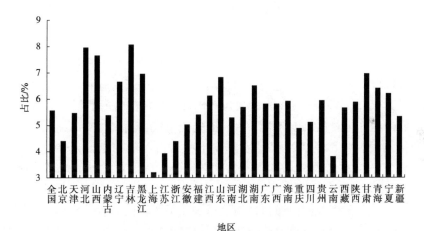

图 2-6　2011 年城镇居民能源支出占家庭支出比重

资料来源：《中国城市（镇）生活与价格年鉴》

图 2-7 展示了 2011 年我国城镇居民家庭消费支出构成的平均水平。可以看出，食品支出是我国城镇居民家庭的主要支出类型，占消费总支出的比重达到 36.32%。相较之下，能源消费支出占居民家庭消费支出的比例很低，全国平均而言，电、燃料、取暖费、车辆用燃料及零配件消费支出占家庭消费总支出的比重

仅分别为 2.53%、1.31%、0.90%和 2.50%。

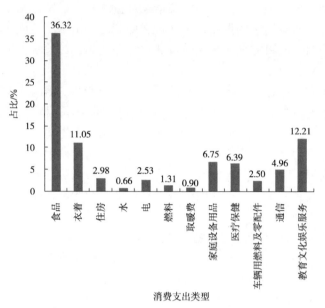

图 2-7　2011 年城镇居民家庭消费支出构成

资料来源：《中国城市（镇）生活与价格年鉴》

图 2-8 展示了 2011 年我国各省（自治区、直辖市）城镇居民电费支出占消费总支出的比重。可以看出，电费支出在消费总支出中仅占据相当小的比例，全国平均水平为 2.53%，占比最高的地区为贵州省，电费支出占消费总支出的 3.63%，占比最低的地区为新疆维吾尔自治区，电费支出仅占消费总支出的 1.51%。

我国居民能源消费支出在消费总支出中所占份额非常低，这就意味着能源价格调整并不会对居民福利产生非常大的影响，这将对我国能源革命提供有利的条件。

政策工具创新指我国政府可以通过多种政策手段的综合运用达到能源革命的目标。在能源革命中，总体思路应当是把该由市场解决的问题交给市场，把该由政府调整和监管的收归政府。政府可以通过财税改革、补贴、监管等多种政策工具调整市场失灵。例如，利用加收资源税和差别增值税的方法将外部性内部化，亦可同时减少税收改革对公众的影响；通过维持电力领域的交叉补贴来实现中国特色的"绿色双重红利"；以加强政府监管的方式实现能源的清洁利用和自然垄断领域的生产成本监管。由此可见，政策工具的创新将为我国能源革命提供一层重要保障。

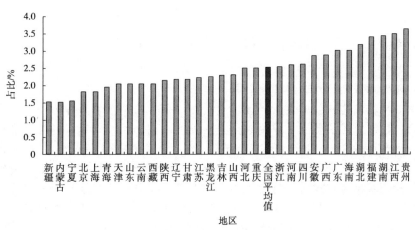

图 2-8　2011 年城镇居民电费占消费支出比重

资料来源:《中国城市（镇）生活与价格年鉴》

　　垄断企业效率提升指我国能源领域内的垄断部门仍然具有很大的效率提升空间。政府可以通过加强对自然垄断部门,如油气和电网的监管来提升效率。例如,加强对油气产品质量的监管,提高油品质量;完善对输配电环节的监管,防止企业过度投资的"A-J效应"和X非效率问题,健全输配电成本核算方法。垄断部门的巨大效率提升空间将为我国能源改革提供目标和用武之地。

　　正确认识我国能源革命的有利条件和不利条件（图 2-9）,将有助于增强能源革命的针对性和实效性,使能源革命有的放矢、张弛有度。而在研究中我们发现,我国能源革命的有利条件居多、时机成熟,现阶段推进能源革命是顺势而为,能源革命必将突破重重阻难,打开能源发展新局面,切实推动我国能源的可持续发展。

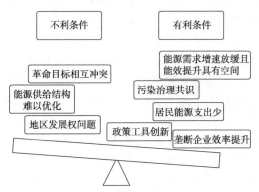

图 2-9　能源革命的有利条件和不利条件

专栏　节能减排的发展权问题

习近平总书记就推动能源消费革命提出，要"坚决控制能源消费总量"，在此过程中，对能源这一投入要素的绝对量进行控制。但是，能源作为经济发展的重要支柱，控制能源消费总量将对经济发展产生不利影响。无论从能源消费总量还是煤炭消费总量上看，以人均GDP衡量的经济欠发达地区，如四川、山西、河南、河北、山东和内蒙古等地，同时也是能耗大省，其能耗和煤耗均在平均消耗量以上。从节能减排的角度看，这些能耗大省应严格实行能源强度和能源消费总量的"双控"政策，但这将对其未来发展权造成损害，也限制了其发展空间。

图2-10和图2-11分别表示2012年我国各省（自治区、直辖市）人均GDP与地区能源消费总量和煤炭消费总量的分布。图分为四个象限，从右上方逆时针排列，分别为第一、二、三和四象限。分布在第一象限的散点为能源或煤炭消费总量高，且人均收入水平高的地区；分布在第二象限的散点为能源或煤炭消费总量低，而人均收入水平高的地区；分布在第三象限的散点为能源或煤炭消费总量低，且人均收入水平低的地区；分布在第四象限的散点为能源或煤炭消费总量高，而人均收入水平低的地区。由象限图可见，北京、天津和上海都属于能源消费少而人均收入水平高的地区，对这类地区进行能源消费控制并不会对地区的经济发展水平造成显著影响；相比之下，河南、河北和山西都属于能源消费多而人均收入水平低的地区，从能源消费控制来看，这类地区作为能耗大省，应当施行严格的能源强度和能源消费量控制措施，但由于地区经济欠发达和对能源的高度依赖，严格的"双控"政策将对其未来发展权造成损害，限制地区发展空间。

图2-12～图2-15分别表示2012年我国各省（自治区、直辖市）人均GDP与地区各类污染物排放量的分布。图分为四个象限，从右上方逆时针排列，分别为第一、二、三和四象限。分布在第一象限的散点为污染物排放量高，且人均收入水平高的地区；分布在第二象限的散点为污染物排放量低，而人均收入水平高的地区；分布在第三象限的散点为污染物排放量低，且人均收入水平低的地区；分布在第四象限的散点为污染物排放量高，而人均收入水平低的地区。由象限图可见，北京、天津和上海都属于污染物排放量少而人均收入水平高的地区，好的环境质量作为一种正常品，其需求将随着居民收入水平提高而上升，因而北京、上海等经济较发达地区的居民更加重视环境污染问题；相比之下，河南、河北和山西都属于污染物排放量高而人均收入水平低的地区，从这类地区居民的角度来看，他们对环境质量的需求并没有北京、上海居民那么高，并不希望地区经济发展受到减排的严重制约。

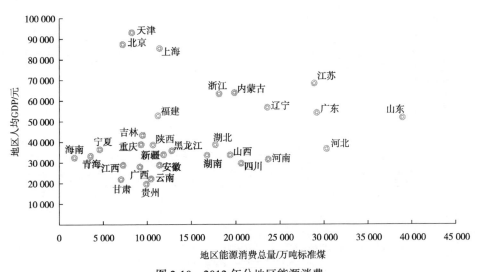

图 2-10　2012 年分地区能源消费

资料来源：《中国统计年鉴》《中国能源统计年鉴》

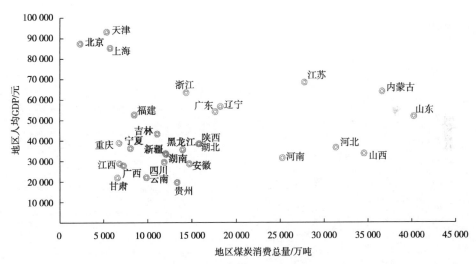

图 2-11　2012 年分地区煤炭消费

资料来源：《中国统计年鉴》《中国能源统计年鉴》

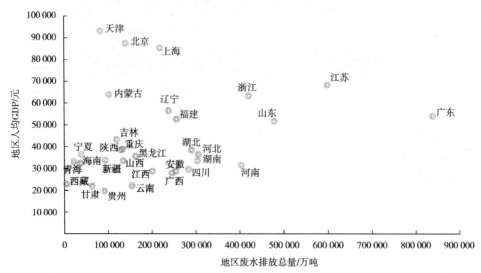

图 2-12　2012 年分地区废水排放

资料来源：国家统计局

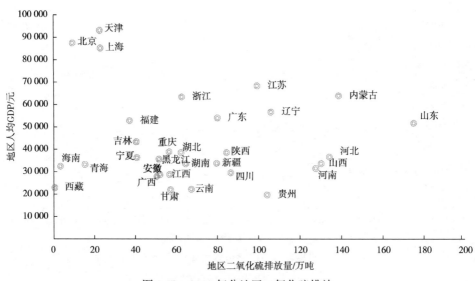

图 2-13　2012 年分地区二氧化硫排放

资料来源：国家统计局

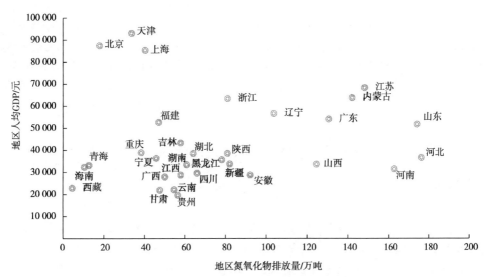

图 2-14 2012 年分地区氮氧化物排放

资料来源：国家统计局

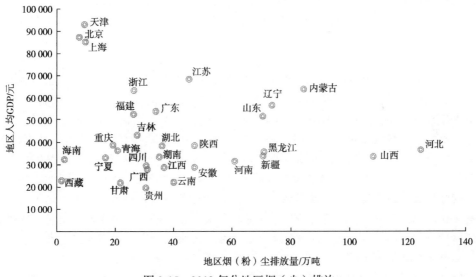

图 2-15 2012 年分地区烟（尘）排放

资料来源：国家统计局

在经济发展与节能减排的问题上，发达国家与中国的关系就像北京与河北的关系一样，人均收入水平高、能源消耗和污染排放少的发达国家相当于北京，而人均收入水平低、能源消耗和污染排放高的中国就相当于河北。中国拥有大量高能耗行业，为世界各国提供商品和原材料，同时自身承受着环境污染的外部性，而高二氧化碳排放量还被发达国家诟病。国际上一直要求中国降低二氧化碳排放量，中国也确实就此努力，制定二氧化碳排放额度并积极建设碳排放权交易制度。但是，国际上在对中国提出减排要求时，也应当考虑中国现处的发展阶段，作为发展中国家，中国在积极履行减排义务时，也应当拥有足够的经济发展空间。

专栏　抑制高耗能产业的扩张是控制能源消费总量的关键

主流观点通常认为经济发展必然带来能源需求的提高，然而这并不必然。具体来看，2012 年上海、河北与山西 GDP 分别为 21 602.1 亿元、28 301.4 亿元与 12 602.2 亿元，但就能源消费量来看，三省市分别为 11 362 万吨标准煤、30 250 万吨标准煤、19 336 万吨标准煤。可以看出上海经济总量虽高于山西，但能源消费量较山西少近 8 000 吨标准煤。从上海与河北的比较来看，河北经济总量虽高于上海 30%左右，但其能源消费量却达上海的 2.7 倍。从三者的产业结构来看，河北以钢铁行业为主导产业，山西以煤炭开采业为主，而上海第三产业占比较高。可见，对能源消费的分析不能仅仅从经济总规模来考虑，而应该从产业结构视角出发。产业结构与能源需求的匹配问题才是经济实现可持续发展的关键所在。

长期以来，我国能源消费主要集中在工业部门，工业能源消费量占能源消费总量比重已连续多年维持在 70%左右。而在工业部门内部，"高能耗、高污染、低附加值"的钢铁、水泥、化工等高耗能产业是导致工业能耗居高不下的重要原因。从这个角度来看，高耗能产业的用能需求才是促使我国能源需求持续上升的根源所在。

近几年，我国多次出现全国性与季节性电荒事件，各项数据均显示问题出现在高耗能产业上。具体到行业来看，我们以钢铁行业为例。图 2-16 展示了 2003~2011 年钢铁产量增长率和电力消费增长率的月度数据。可以看出，钢铁产量增长率和电力消费增长率的变化趋势大致同步，且电力消费增长率变化滞后于钢铁产量增长率。虽然仅以此图无法判断二者具有因果关系，但是两者间的相关关系显而易见。可见，钢铁行业作为高耗能行业中的用能大户，其发展与电力消费量的变动息息相关。

针对钢铁产量增长率和电力消费增长率的相关关系，我们将二者做一元回归，以钢铁产量增长率作为自变量，电力消费增长率作为因变量，拟合结果如图 2-17 所示。各散点表示拟合样本，即 2003~2011 年各月的钢铁产量增长率和电力消费增长率。直线表示回归结果，斜率为 1.051，即 1%的钢铁产量增长率会带来 1.051% 的电力消费增长率。回归结果的 R^2 为 0.479 5，表明钢铁产量增长率可以解释约 48%的电力消费量增长率。

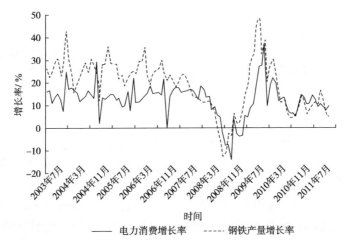

图 2-16　2003~2011 年钢铁产量增长率和电力消费的月度数据

资料来源：《中国统计年鉴》

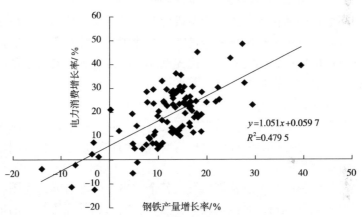

图 2-17　2003~2011 年电力消费增长率与钢铁产量增长率的相关性

资料来源：《中国统计年鉴》

　　当前，我国高耗能行业能耗过高，其根本原因在于能源使用效率较低。一方面，我国高耗能行业工艺水平与设备落后导致在能源利用过程中浪费严重，能源强度很难下降。另一方面，我国高耗能产业过度扩张导致产能过剩，在技术水平未得到提升的情况下，产量的增加必然带来能源的过度消耗。此外，一些地方政府迫于经济下行压力，对高耗能产业发展存在路径依赖，对高耗能产业的过度保护现象严重，使高耗能行业盲目发展。因此，为实现能源消费总量控制目标，加快高耗能产业的调整步伐刻不容缓。

第三部分　能源革命的路径

基于上述讨论，我们在本部分对各类能源现状进行梳理，并分别对现行煤炭行业、油气行业、电力行业、核电行业和新能源行业的现有改革绩效做简单评估，然后就实现能源革命的最优途径从政府与市场两个角度分别进行深入分析。

此前部分，本书分别从能源供需、能源价格、能源与环境污染、能源安全等方面入手，全面剖析能源市场的发展现状，梳理能源市场发展面临的问题，从而阐明能源革命的必要性和紧迫性。在此基础上，对能源革命的目标及其冲突进行了探讨，认为能源革命在某种程度上存在"不可能三角"，能源革命的目标应顺次为保障能源供应、缓解环境污染、稳定能源价格和完善能源监管。而现阶段着重需要解决的问题是如何保障能源的充足供应与有效缓解环境污染。那么，如何化解各个目标之间的冲突、积极稳妥推进能源革命呢？在此过程中，决策者需要在各目标间进行权衡抉择，确定其改革优先顺序。而这首先需要对改革潜力进行评估，即现有条件是否允许进行改革。其次评估出改革赢家与输家。对于赢家，改革红利要如何分配；对于输家，改革损失应如何补偿。物价水平、国际竞争力、经济增长速度与地区发展等经济基本面所受到的影响也必须进行可靠的评估。由此观之，市场与政府对自身的准确定位将对改革的顺利进行、目标间冲突的有效化解起到关键作用。

本部分将从能源革命重点领域出发，各个出击、全面探索，力图突破能源革命重点领域的困境和难题，对包括煤炭、油气、电力和核能等行业的现状进行深入分析，并对现有改革措施进行试评估，进而就能源革命实现途径分别从政府与市场两个改革方向展开探讨。

一、各行业现状

能源行业是国民经济的重要领域，各行业的发展都离不开能源行业的物质支持。经过多年发展，我国能源产业体系逐步完善，呈现出能源多元化趋势。现阶段我国能源行业主要包括煤炭、油气、电力、核电与新能源这五大类。能源行业是能源革命的主要对象，我们只有对各能源行业的现状进行深入了解，才能识别出其革命潜力，进而进行有效评估。下文将就各能源行业的特点、优缺点进行详细分析。

（一）煤炭行业

煤炭作为我国重要的基础能源和工业原料，有力地支撑了我国经济的长期高速发展。长期以来，煤炭由于存在其自身优点而成为我国最重要的能源品种。第一，我国煤炭储量丰富，开采供给较为稳定。第二，煤炭价格低廉，保证了生产生活的用能需求。我国煤炭资源虽然丰富，但地理分布与消费地区分布不协调。从煤种来看，动力煤资源丰富但炼焦煤稀缺，煤炭品种质量差异较大。

尽管我国煤炭产量高，但目前煤炭的开采利用仍存在不少的问题。

1.煤炭使用效率低

首先，煤炭规模化开采水平不高。我国煤炭产业集中度偏低，2010 年我国前10 大煤炭企业产量占比不到 36%。过低的产业集中度阻碍了我国煤炭产业规模化效益、安全生产水平及可持续发展能力的进一步提升。其次，煤炭开采效率较低，资源浪费严重。我国中小煤矿较多，先进生产技术和开采设备的使用率不高，在煤炭开采过程中存在 "吃肥丢瘦" "采厚弃薄" 等现象[1]。国有重点煤矿的资源采出率一般在 50% 左右，国有地方煤矿和乡镇煤矿不到 30%，有的仅为 10%~15%，远远低于世界 60% 的平均水平[2]。最后，煤炭转换利用效率偏低。相当比例的煤炭通过中小锅炉直接燃烧利用，不仅降低了能源利用效率，而且使得污染物排放分散，增加了处理的难度和成本。

2.煤炭使用污染严重

在煤炭的开采、运输和燃烧过程中，每一环节都会产生各种污染，给环境带来严重负外部性。因此，煤炭行业一直是减排的重点领域。

3.煤炭开采安全性低

我国的矿难事故已经成为国际关注的焦点。如前所述，我国历年矿难死亡人数和煤炭百万吨死亡率远远超过世界其他国家。并且，由于工艺落后，缺乏有效防护措施，我国煤炭行业存在着不同程度的职业危害。

（二）油气行业

受限于我国 "贫油少气" 的能源资源禀赋，我国油气需求依赖于进口。近年来，我国石油产量的增长相当缓慢，甚至止步不前、开始出现下滑趋势。未来 20 年，我国石油产量将保持一个低速增长的势头，为 1.8 亿~2.0 亿吨/年。从长期来

---

[1] 张亚琴. 行业收入差距问题研究：基于 A 市城镇职工劳动工资统计数据的分析[D].重庆师范大学硕士学位论文，2014.

[2] 张运洲，张风营，李德波. 我国未来煤炭供应能力预测研究[J]. 中国电力，2007，（11）：9-14.

看，如果未来几年在海上石油开发技术方面没有重大突破或进展，我国的石油产量只能是微弱的正增长。我国国内石油产量难以满足经济快速发展的需要，大量的石油需求缺口只有通过进口弥补[①]。根据预测，到 2020 年，我国石油的对外依存度将由 2008 年的 50% 上升至 70% 左右（中国人民大学课题组，2013）。

作为清洁能源，天然气的利用将有利于减少环境污染。目前，我国天然气消费比重远低于英、美、德等发达国家，人均天然气消费量也远低于世界平均水平。由于基础值较低，我国的天然气消费量具有巨大的增长空间。然而，天然气产量过剩的现象在 2006 年发生逆转，出现了大幅上升的天然气进口，形成了现在的国产气为主，进口气快速增长的局面。

在油气经营方面，两桶油对我国石油的垄断是我国油气行业最显著的特点。当前，成品油定价以国际市场原油价格作为参照成本，天然气则以替代能源市场价格作为参照成本。

总体来看，我国国内的油气生产无法满足国内对油气资源的需求。并且，随着未来能源需求的进一步增长，国内油气资源加速增长的可能性很大，供给潜力不足，油气资源对进口高度依赖。而受国际政治、油气价格、运输安全等多方面因素的影响，无法保证大量进口资源的稳定供给。当前油气行业的问题主要表现在以下几方面。

1.进口来源稳定性不足

一是中东前景不容乐观。从全球范围来看，中东地区依旧在石油市场中占有举足轻重的地位，我国石油进口的主要来源地也是中东，但是中东国家已经开始对本国石油产业进行改革，石油产业价值链的中下游已经成为未来发展的重点，这就意味着中东地区极有可能减少原油的出口而转向石油产品的生产和出口，这种变化将给我国未来石油获取带来挑战。二是美洲地区发展潜力有限，这一地区基本处于美国的控制之下，从该地区获取石油供应的难度较大。三是非洲地区资源进口难度较大。在中东之外，我国目前能够巩固并扩大影响力的是非洲地区。非洲地区生产的低硫油是其他地区无法替代的，近年来非洲已经成为全球争夺的重要石油产区，但我国企业在非洲的投资合作更多的偏向于参与开发并直接在本地消化油气资源，直接进口难度较大。四是俄罗斯及中亚地区较有潜力，为了从这块资源丰富的地区获得稳定的油气供给，保持同俄罗斯的全面战略伙伴关系已成为我国政府外交的重要环节。

2.进口渠道存在较大安全风险

石油获取通道是指进口石油的运输方式。目前我国 90% 的石油进口依靠海

运，主要的运输咽喉要道是几大国际著名海峡或运河，如波斯湾、霍尔木兹海峡、苏伊士运河、马六甲海峡、巴拿马运河等。但由于国际市场上石油的需求方竞争越演越烈，海上运输的安全风险也大大增加，索马里海盗事件也让我国提高了对海上运输风险的警惕。同时，这几大海运要道并不处于我国的直接或间接控制之下，一旦爆发冲突，线路被封锁，将会对我国的石油运输产生重大破坏。

3.现有的油气价格无法反映油气产业链的全成本

我国现有的成品油定价机制如下：政府以布伦特等三地原油价格为基础，考虑炼厂成本、合理利润以及流通费用后制定最高限价，在 10 个连续工作日国际油价的移动平均价格变动幅度超过 4%的情况下，对成品油最高限价进行调整。我国现有的天然气定价主要采用"成本加成"的方法，即出厂时的生产成本加上合理的利润加成。其中天然气产业生产、运输价格由国家发展和改革委员会（简称国家发改委）制定，销售价格由地方发展和改革委员会制定[①]。

从成品油的价格情况来看，根据国际油价变化情况制定的最高限价并没有直接反映供需情况，无法充分体现油气全产业链成本，批发价格的走势也并未与指导价格完全一致，仅在一定程度上反映了供需情况的变化。从天然气的价格情况来看，成本方面未考虑国际天然气价格变化，同时忽略了天然气的替代属性，未与竞争燃料的市场价格挂钩；在政策导向和负外部性方面，也没有体现出天然气的热值高、环保、便利等社会经济优势。

4.政府监管失灵，导致资源错配

从成品油情况来看，现有价格机制没能体现油品质量，企业无动力进行技术创新和精细化发展，企业偏向于降低油品质量，"劣币驱逐良币"的情况时有发生，给市场秩序和国家税收、环境治理造成负面影响。从天然气的价格情况来看，价格与市场供需基本无关，并且政府部门的大量补贴使全国范围内天然气价格偏低，一方面使得供给企业对需求判断不准，没有降低成本的动机，盲目扩大投资；另一方面容易形成利益输送和寻租。

5.对竞争引导不当，生产经营效率偏低

"X 非效率"是指在不存在市场竞争机制约束的状况下，垄断企业放松内部管理和技术创新，从而导致生产经营的低效率。目前我国的油气价格机制无法从竞争方面引导企业。从成品油方面来看，现有价格机制不利于上中下游开展竞争，导致大集团内部效率偏低。从天然气价格来看，地方存在市政管网定

---

① 国产陆上常规气、进口管道气价格实行门站价，供需双方可在国家规定的最高上限门站价范围内协商确定具体价格；门站价与燃料油和液化石油气（权重分别为 60%和 40%）价格挂钩，通过市场净回值法测算中心市场的门站价，并按可替代能源价格 85%的水平（即折价系数 K 为 0.85），结合管输费具体确定各省门站价。

价的"最后一千米"问题，地方企业垄断终端管网，不利于形成竞争、体现真实供需情况。

专栏　成品油定价机制就是鼓励劣质油

2015 年 1 月，我国汽油的消费税每升提高至 1.52 元，柴油的消费税每升提至 1.2 元。这是继 2014 年 11 月 29 日、12 月 13 日之后，两个多月内我国第三次提高成品油消费税单位税额。财政部与国家税务总局表示，此次提高燃油税是为了环保，一方面，有利于节约能源，鼓励新能源发展；另一方面，新增收入可用于治理环境污染、应对气候变化。

目前，在我国的成品油价格构成中，消费税以固定金额的形式征收，原油价格主要受国际油价的影响。因此，在国际油价下跌情况下，消费税占比的提高实际上反映了油气资源开采负外部性成本所占比例的增加。这里的负外部性主要是指国内本身开采、加工成本高于国际平均水平，以同样价格出售造成的损失。

提高燃油消费税固然可以减少石油消费，降低尾气污染，但当前的污染主要来自劣质油的使用。现行的成品油定价机制只规定最高限价而未针对油品质量进行定价，消费者购买到的只是符合基本检测标准的产品，并不能准确识别油品质量。这种只有定价机制而缺乏合理的质量监督检测标准的运行机制，导致企业的差异化产品无法得到准确识别，因而企业无动力进行技术创新和精细化发展。企业出于盈利动机会尽量压低成本，通过降低油品质量、压缩炼油成本等方式在价格上展开竞争，这导致部分价格便宜的小炼厂炼制的油品、调和油等纷纷进入市场，"劣币驱逐良币"的情况时有发生，对市场秩序和国家税收、环境治理造成负面影响。因此，劣质油的大范围使用是石油生产端粗放导致的，而其根源又在于定价机制无法识别油品质量。在该种情况下增收燃油消费税只是从消费端入手，未抓住污染的主要矛盾。

与国外相比，我国油品质量历来饱受诟病。尽管排放标准硫含量与欧洲标准基本一致，但芳烃、烯烃等含量与欧洲标准有较大差距（表 3-1）。而这类化合物在燃烧或挥发后会对环境造成严重污染。在 2013 年年初，多地空气质量持续恶化，汽车尾气被认为是此次污染的重要来源，这才引发了对我国油品质量的讨伐。当时主流回应认为油品质量的提升会带来成品油价格的普遍上涨，进而给消费者带来压力。在目前国际石油价格下跌的窗口期，政府在提高消费税的同时，更应该加大对油品质量的监管，鼓励企业进行油品质量升级置换，强化对差异化竞争的引导。总之，提高油品质量标准是比增加消费税更好的环保方式。

表 3-1　排放标准硫含量情况与实施时间

油品标准（汽油）	硫含量/ppm	芳烃/%	烯烃/%	全面实施时间
"国Ⅰ"标准	<800	<40	<35	2002 年
"国Ⅱ"标准	<500	<40	<35	2005 年
"国Ⅲ"标准	<150	<40	<30	2010 年
"国Ⅳ"标准	<50	<40	<28	2015 年
"国Ⅴ"标准	<10	<40	<24	2018 年
"欧Ⅰ"标准	<1 000	—	—	1993 年
"欧Ⅱ"标准	<500	—	—	1998 年
"欧Ⅲ"标准	<150	<42	<18	2000 年
"欧Ⅳ"标准	<50	<35	<18	2005 年
"欧Ⅴ"标准	<10	<35	<18	2009 年

（三）电力行业

现行电力行业的特点是发电侧的电源结构以火电为主，水电为辅，核电、风电和太阳能作用不大，部分用户有自备电厂；输配电体系在全国是国家电网和南方电网在区域内自然垄断运营；电力终端消费以工商业为主，居民用电为辅。总结起来，现有电力行业的优点包括：一是以较低的价格水平满足了电力需求，保证了企业和居民的用电安全。二是交叉补贴，企业补贴居民、城市补贴农村等。三是电网部分充当了民政角色，补助低收入人群的用电需要，同时通过电网内部东部补贴西部、城市补贴农村，提供普遍服务的方式，部分承担了财政职能。四是电网具有熨平供给和需求两侧的不确定性的功能，部分起到了"水库"或者"保险公司"的功能。第三点和第四点过去提的不多，我们认为新一轮电改需要注意这两个角度。

现行安排也有明显的缺点，主要如下。

1.电力生产的污染物排放较大

在以火电为主的供给侧，火力发电煤耗在纵向比较上有一定的改善，但在横向比较上仍然有很大的差距。即便是在我国行业内比较，大量企业的发电煤耗还是过高。尽管脱硫脱硝设施安装取得了巨大进展，但缺少鼓励企业采用脱硫脱硝技术的激励机制，政府缺少监管的设备和人力，因而火电企业在污染排放上一直被很多人诟病，其节能减排的潜力未被挖掘的问题同样被人们议论。在电力供给高速增长的同时，电力行业的污染和排放问题也越来越严重。许多人把雾霾天的数量增加、$PM_{2.5}$ 问题的严重程度，以及我国二氧化碳排放的快速增长直接和火电规模扩张相联系。本地污染问题和二氧化碳排放带来的全球压力是当今电力产业面临的最为严重的问题。

2.自备电厂供电煤耗较高，缺乏监管

自备电厂是电力工业的有机组成部分，其技术水平、管理水平、安全水平与整个电力系统的安全、稳定、经济运行息息相关，企业的自备电厂在保障生产和降低成本上发挥了巨大的作用，但也存在着平均单机容量较小，供电煤耗较高，缺乏监管等较大问题①。据统计，2006年我国企业自备电厂平均供电煤耗449克/千瓦时，比2006年全国平均供电煤耗高83克/千瓦时；单位二氧化硫排放量为9.97克/千瓦时，比2006年全国单位二氧化硫排放量高4.27克/千瓦时；单位氮氧化物排放量为8.83克/千瓦时。企业自备电厂发电机组利用小时数平均为5 293小时，比同期全国火电机组平均利用小时数低340小时②。

3.电力价格偏离成本

我国的电力价格在三个方面偏离了成本：①尽管发电侧存在的企业众多，电力市场存在竞争，但由于政府没有对发电过程中产生的污染排放征税，污染排放的成本并没有进入电价，外部成本没有内部化，因而电价低于其实际耗费的资源。②在输配电环节上，由于电网的垄断经营造成的过度投资、X非效率，以及价值向上下游转移等问题在电力行业中或大或小地存在，因而电价中又包含了本不该有的部分。综合现有的研究成果看，把发电侧的污染成本加上，把输配环节的"水分"挤出去，一加一减之后，电价还是应该比现有的高。③在前文的电力价格部分，笔者指出我国终端电价存在着交叉补贴。如若从消极的角度看，补贴的存在使价格不能反映成本，造成能源过度使用，效率损失。

4.对电力企业的监管大幅后退

由于电网的自然垄断性质，政府对电力企业的监管一直是电力产业组织的核心内容。国际经验和大量研究表明，没有有效的监管，电力企业会面临三大问题，即膨胀资产、X非效率、价值转移。只要是成本加成高于借贷成本，电力企业总会扩张资产。由于没有竞争压力，垄断企业缺乏控制成本的动机，会出现各种各样人浮于事的情况。同时，电力企业还会出现以较高的价格采购关联企业的投入品，以较低的价格向关联企业销售服务的问题。从这个角度看，国家能源局成立以后，原国家电力监管委员会（简称电监会）的职能萎缩，对电力企业上述三个方面的监管不仅没有进展，反而出现大幅度的倒退。应该说，目前我国政府对垄断的监管效果不佳，原电监会职能萎缩是电力改革走过的"弯道"。

---

① 吴峰虎. 自备电厂发展中的若干问题综述[J]. 科技传播，2011，（21）：97-98.
② 国家电力监管委员会.全国企业自备电厂情况通报[R]，2008.

（四）核电行业

经过多年发展，在核电领域，我国拥有若干运营中的核电厂和机组，并有多个核电厂和机组处于建设状态（表3-2）。并且，我国在核电技术领域也已取得突破，研制出第三代核电技术"华龙一号"。相比于其他能源，核电地区适应性更强，在使用过程中不会产生二氧化碳以及造成空气污染，并且核能发电热值高、能量密集、运输方便，有利于减轻交通运输压力。近年来，我国火电发电量、水电发电量、核电发电量一直处于增长状态，其中核电发电量增长率最高。核电发电量虽然增长率最高，但由于基数很低，所以其占总发电量比重一直处于较低水平，在1%~2%。

表 3-2　2013 年度全国核电站机组运营及建设情况

核电站	电站所在地	已运营机组	建设中机组
红沿河核电站	辽宁省瓦房店市东港镇	1、2 号机组	3、4 号机组
海阳核电站	山东省海阳市留格庄镇冷家庄		1、2 号机组
田湾核电站	江苏省连云港市连云港区田湾	1、2 号机组	3、4 号机组
秦山一期核电站	浙江省海盐县秦山镇	1 号机组	
秦山二期核电站	浙江省海盐县秦山镇杨柳山	1、2、3、4 号机组	
秦山三期核电站	浙江省海盐县秦山镇	1、2 号机组	
方家山核电站	浙江省海盐县		1、2 号机组
三门核电站	浙江省三门县健跳镇猫头山半岛		1、2 号机组
宁德核电站	福建省宁德市辖福鼎市秦屿镇备湾村	1、2 号机组	3、4 号机组
福清核电站	福建省福清市三山镇西南前薛村岐尾山前沿		1、2、3、4 号机组
大亚湾核电站	广东省深圳市	1、2 号机组	
岭澳核电站	广东省深圳市大鹏镇东部	1、2、3、4 号机组	
阳江核电站	广东省阳江市阳东县东平镇	1 号机组	2、3、4、5、6 号机组
台山核电站	广东省台山市赤溪镇		1、2 号机组
昌江核电站	海南省昌江县海尾镇塘兴村		1、2 号机组
防城港核电站	广西防城港市港口区光坡镇		1、2 号机组

资料来源：中国核能行业协会. 2013 年年度全国核电运行情况，2014

核电不仅在我国电力结构中的比重较小，仅能满足很小一部分电力需求，而且长期存在核电价格被低估的情况。目前，我国核电上网电价一般按经营期电价办法进行电价测算，最终由价格主管部门批准后实行。2013 年，国家发改委根据我国目前核电社会平均成本与电力市场供需状况，核定全国新建核电机组的标杆上网电价为每千瓦时 0.43 元（发改价格〔2013〕1130 号）。对比我国核电上网电价与各省（自治区、直辖市）环保电价（发改价格〔2014〕1908 号），见表 3-3，可以看出，随着煤电电价的不断上涨，我国核电相对于煤电的竞争力不断提升。

表 3-3　各省（自治区、直辖市）统调燃煤发电企业上网电价（单位：元/千瓦时）

省级电网	调整后标杆上网电价	省级电网	调整后标杆上网电价
北京	0.392 4	四川	0.455 2
天津	0.404 9	重庆	0.438 3
河北北网	0.414 1	辽宁	0.404 4
河北南网	0.423 4	吉林	0.401 4
山西	0.377 2	黑龙江	0.406 4
山东	0.439 6	内蒙古东部	0.310 4
内蒙古西部	0.300 4	陕西	0.389 2
上海	0.459 3	甘肃	0.328 9
江苏	0.431 0	宁夏	0.279 1
浙江	0.458 0	青海	0.354 0
安徽	0.428 4	广东	0.502 0
福建	0.437 9	广西	0.457 4
湖北	0.459 2	云南	0.372 6
湖南	0.494 0	贵州	0.381 3
河南	0.419 1	海南	0.477 8
江西	0.455 5		

注：标杆上网电价含脱硫脱硝和除尘电价

资料来源：《国家发展改革委关于进一步疏导环保电价矛盾的通知》

然而，当前核电发展还存在以下几方面问题。

1.潜在成本被低估

经营期电价测算方法是在综合考虑电力项目经济寿命周期内各年度的成本和还贷需要的变化情况的基础上，通过计算电力项目每年的现金流量，按照使项目在经济寿命周期内各年度的净现金流量能够满足按项目注册资本金计算的财务内部收益率为条件测算电价的一种方法[1]。据此测算的核电上网电价忽略了核废料的处理成本、核反应堆的退役成本，以及核电安全风险所带来的外部性成本，因而低估了核电价格。核电成本还应该包括以下几项。

第一，核废料处理成本。

核电站在运行中产生的放射性核废料，至今为止，任何国家都没有妥善的解

---

① 王磊，龙汶. 电力市场电价预测方法概述[J]. 中国西部科技，2008，（5）：21-22.

决办法，而核废料仍然在继续产生、堆积。以核电站运行产生的乏燃料中的放射性钚-239 为例，其半衰期长达 2.4 万年，持续管理、储存的难度非常大。

目前世界已积累了 36 万吨高放射性核废料，并且以每年 1.2 万吨的速度增长。已经后处理的乏燃料大约有 10 万吨，其余 26 万吨都处于临时存储状态。我国在运核电机组只有 20 台且大部分投运时间不长，所以目前核废料数量有限，都暂存在各个核电站的乏燃料池中。到 2020 年，当前在建的 27 台核电机组全部投入运行后，发电能力将达到 5 800 万千瓦左右，届时每年将产生约 1 500 吨乏燃料[①]，乏燃料处理压力将马上凸显出来。掩埋这些核废料需要巨大的地下空间，这将是对我国的核废料处理能力的巨大考验。公开资料显示，目前我国已建有两座中低放射核废料处置库，一座位于甘肃玉门，另一座在广东大亚湾附近的北龙。根据我国核电发展规划，我国将在 2015~2020 年确定永久性高放射核废料处置库的库址。哪里愿意放核废料，哪里能够放核废料，都是悬而未决的大问题[②]。

第二，核反应堆退役成本。

核电站本身在停机后也将变成一个庞大的放射性废弃物。核电站只要插入燃料棒运行过一次，整座核电站就将变成一个大型放射性物体。若将停机后的核电站拆除，则意味着将出现高达数万吨的放射性废材。

英国《金融时报》2014 年 11 月 12 日报道，全球能源监督机构 IEA，2040 年前，全球有近 200 座核反应堆将被关闭。而关闭、清理这些老化的核反应堆所需费用将超过 1 000 亿美元。IEA 在其年度报告中说，核反应堆安全退役成本有相当大的不确定性。很多政府安全拆除核反应堆的经验有限，在过去的 40 年中，仅有 10 座反应堆被关闭。

第三，核电安全风险。

与火电站相比，核电站不向环境排放 CO、CO_2、SO_2、NO_x 及烟尘，而且可以大大降低煤耗，因此核电被认为是一种清洁能源[③]。但是，核电厂具有发生核电事故的风险，并且事故一旦发生，会对人类和地球生物圈造成很大的危害。

核电站在运行期间本身不会向外界排放放射性物质。核电的安全风险主要是指在发生核能事故的情况下，向外界溢出放射性物质的风险，当溢出的放射性物质量足够大时，将会给公众带来危险。人体在短时间内吸收大剂量辐射会导致疾病或死亡。

国际原子能机构和 OECD 的核能机构将核能事件分为 7 个等级，1~7 级严重性逐级递增。到目前为止，世界上共发生过 3 起对公众造成重大危害的核电站事

① 罗欢欢，袁端端，王亦楠.核电不是"必要的恶魔"[J].新华月报，2014，（15）：28-30.
② 陈功.考量核电成本要用全面视角[N].证券时报，2011-03-31.
③ 陆华，周浩.发电厂的环境成本分析[J].环境保护，2004，（4）：51-54.

故，分别是 1979 年的三里岛核电站（Three Mile Island-2）5 级核能事故、1986 年的切尔诺贝利核电站（Chernobyl）7 级特大核能事故、2011 年的福岛第一核电站（Fukushima 1 Site）7 级特大核能事故。切尔诺贝利核电站事故产生巨大的辐射量，对周围多国及地区造成核辐射污染。有研究显示，有 27 万人因切尔诺贝利事故患上癌症，其中 9.3 万人致死；绿色和平组织的一份建立在白俄罗斯国家科学研究成果上的报告指出，全球共有 20 亿人口受到切尔诺贝利事故影响[①]；而事故发生后，苏联在数年内前后共疏散 34 万余人，切尔诺贝利自此成为禁区。福岛第一核电站事故使周围辐射值超出正常情况 6 000 余倍，核电周围 30 千米范围被设为禁飞区，方圆 20 千米居民被疏散，周边数百千米的海水被污染。事故还使各国反核示威活动增加，核电发展进程受阻，也使世界核安全监管体系进一步加强、新建核电站的防护等级进一步提升。

　　核电站事故对环境和人体造成的巨大外部性可以通过事故赔偿金额体现出来。福岛第一核电站事故后，东京电力公司面临的代价包括清理被损毁和污染的核电站、恢复损失的电力工业，以及赔偿受到核泄漏影响的居民和企业。据日本政府估算，东京电力公司的赔偿金额在 3 万亿~10 万亿日元，赔偿年限将持续 8~25 年。为支付巨额赔偿金，东京电力公司采取了一系列措施，包括出售世界各地子公司、削减员工薪金、寻求政府援助、出售股票和不动产等。截止到 2014 年 9 月，东京电力公司已先后 32 次共缴付 43 756 亿日元的赔偿金。

　　第四，其他外部性成本。

　　核电站在战争时期极易成为攻击目标。美国已对境内 86 处核电站的空域采取多项限制措施。由此额外增加的军事防御、军队、武警等经费虽由国家负担，但也应计入核电站的外部性成本。核电站 80 千米内很难得到大笔投资项目，即使拆除了核电站，周边地区至少还会受其几十年乃至上百年的影响。核电站事故更会强化这种影响。核电站周围本来该有的投资效益的损失也应当计为外部性成本。为防止核电站在地震、海啸或人为事故中发生泄漏，国家和地方政府在区域规划和基础建设中都要额外增加相当多的投资，这些开支同样应该计入核电站的外部性成本[②]。

　　2.公众对核电的高感知性风险

　　近年来，我国核电建设进展迅速。然而与此同时，核电的公众认知、政府的风险沟通和公众参与机制的建设却远远没有跟上核电发展的步伐。我国曾经爆发过多起公众抗议核电事件，如 2007 年山东民众反对乳山红石顶核电项目、2012 年安徽民众反对彭泽核电项目、2012 年荣成居民反对石岛湾核电项目和 2013 年

---

① 张茜黄. 切尔诺贝利 20 年[J]. 北方文学, 2006,（10）: 56-69.
② 赵营波. 还原核电成本原貌[N]. 中国社会科学报, 2011-06-16.

广东民众反对江门核燃料项目等。

公众对核电项目的反对来源于其对核电的高风险认知。风险可分为技术性风险和感知性风险，技术性风险指物理性的、可被量化的风险，感知性风险指由心理认知构建的风险。技术性风险和感知性风险之间往往并不存在显著的一致性。当技术性风险相对较低的项目或事件遇到"愤怒"的人群，就会被理解为高危险性的项目或事件。高感知性风险直接导致了公众对核电的排斥。在核电领域，高感知性风险的"愤怒"往往来自于核能事故。

图 3-1 反映了民众在福岛第一核电站事故发生之前和之后对核电站的风险感知变化。数据来自福岛第一核电站事故发生前和发生后分别对江苏省连云港市居民进行的问卷调查，位于连云港市的田湾核电站是我国距离日本福岛第一核电站最近的核电站。

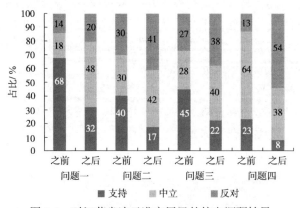

图 3-1　对江苏省连云港市居民的核电调研结果

问题一：我国应当利用核能；问题二：我们应当尽快在我国建设更多的核电站；问题三：如果对促进
核能发展进行投票，我一定投赞成票；问题四：我非常欢迎在我居住的城市兴建核电站

资料来源：Huang L, Zhou Y, Han Y T, et al. Effect of the Fukushima nuclear accident
on the risk perception of residents near a nuclear power plant in China [J].
PANS，2013（3）：19742-19747

由调研结果可以发现，福岛第一核电站事故增加了我国公众的风险感知水平，降低了我国公众对核电站的接受程度。关于是否应当利用核能，支持利用核能的比例由事故前的68%跌至事故后的32%，事故发生后，有相当大的一部分民众对利用核能保持中立。关于是否应当尽快在我国建设更多核电站，支持者比例由事故前的40%跌至事故后的17%，事故发生后，有41%的受访者反对在我国建设更多的核电站。关于是否促进核能发展，支持者比例由事故前的45%跌至事故后的22%，事故发生后，有38%的受访者反对促进核能发展。关于是否欢迎在自己居住的城市建设核电站，这一项的公众认知在事故发生前后变化最为显著。事故发生前，有 64% 的受访者对在所居住城市建设核电站持中立态度，只有 13% 的受访者反对；事故发生后，反对者的比例大幅增加至 54%，并且仅有 8% 的被访者支持在居住城市建设核电站。

此外，研究者还通过调研数据分析了公众对不同级别核事件发生频率的平均接受度。结果显示，50% 的受访者认为 1 级核事件（anomaly）的发生频率不能超过 50 年一遇，2 级核事件（incidents）的发生频率不能超过 100 年一遇，3 级核事件（serious incidents）的发生频率不能超过 150 年一遇。

除核事故之外，核知识了解程度、媒体报道、信任度也是影响公众感知性风险的重要因素。教育程度和知识了解程度的增加会使公众的感知性风险认知下降，从而使公众对核电政策的支持率增加。媒体对核电事故的广泛报道及其报道形式和报道态度，会间接甚至直接对公众的感知性风险认知产生影响。新媒体报道是公众所能接触到的最为便捷的消息来源，其报道态度倾向也会左右公众的态度倾向和接受度。公众对核电站的认识和态度倾向也与他们对政府和核电公司的监管制度、紧急预案制度的信任度有显著的关联。

3.核电技术依然不足

虽然经过多年的努力和发展，我国自主的核电技术已取得显著成果，但与世界一流技术比较，依然存在较大差距。

专栏　世界最大的三起核电事故

1.三里岛核电站事故

1979 年 3 月 28 日，位于美国宾夕法尼亚州萨斯奎哈纳河的三里岛核电站发生核泄漏事故，该事故是美国历史上最严重的一次核事故，部分堆芯熔毁，为五级核能事故。这一事故是由设备故障和一系列管理和操作失误造成的。最初，核电站二号反应堆一回路的给水泵停转，汽轮机停机，备用泵按照预设程序启动，但辅助给水系统中的隔离阀在此前的例行检修中没有按规定打开，导致辅助给水系统没有投入运行。机组的回路冷却水没有按照程序进入蒸汽发生器，热量在反应堆中心持续聚集，堆芯压力上升，导致稳压器卸压阀在给水泵停转后 3 秒钟开启，放出堆芯内的部分汽水混合物。5 秒钟后自动停堆。当反应堆内压力下降至正常值时，卸压阀由于故障未能自动回座，堆芯冷却剂以 45 立方米/秒继续外流，压力降至正常值以下。此时，"高压注入应急堆芯冷却系统"自动启动，但反应堆操作员未判明卸压阀没有回座，反而于 3 分钟后关闭了应急堆芯冷却系统，停止向堆芯内注水。一回路冷却水大量排出造成堆芯上部失水，堆芯上部燃料棒的温度超过 2 760℃。当反应堆操作员恢复应急堆芯冷却系统和主泵运行之后，260℃的水遇到 2 760℃的堆芯，堆芯燃料棒破裂，堆芯崩塌。堆芯 90%的燃料棒包壳破损，47%的核燃料熔毁并发生泄漏。系统发出放射性物质外漏警报，但并未引起运行人员注意。直到近 16 个小时之后，二号堆实现强迫循环，但运行人员始终没有察觉到堆芯损坏和放射性物质外漏。

三里岛核电站核泄漏事故是由一次小的事故急剧升级为堆芯熔化的严重事故。但由于主要的工程安全设施自动投入，以及反应堆拥有燃料包壳、压力边界和安全壳三道安全屏障，事故并未造成直接的人员伤亡。事故后，原子能委员会对三里岛核电站周围居民进行了追踪研究。研究结果显示：在以三里岛核电站为圆心的 50 英里（1 英里=1 609.344）范围内，220 万居民中无人发生急性辐射反应；周围居民所受到的辐射相当于进行了一次胸部 X 光照射的辐射剂量；三里岛核泄漏事故对于周围居民的癌症发生率没有显著性影响；三里岛附近未发现动植物异常现象；当地农作物产量未发生异常变化。

2.切尔诺贝利核电站事故

1986 年 4 月 26 日，位于苏联统治下乌克兰普里皮亚季镇附近的切尔诺贝利核电站四号反应堆发生爆炸，连续的爆炸引发大火，并散发出大量高能辐射物质到大气层中。这次灾难释放出的辐射线剂量是第二次世界大战时期投向广岛的原子弹爆炸所释放出辐射的 400 倍以上。遭核辐射尘埃污染过的云层飘往众多地区，包括苏联西部的部分地区、西欧、东欧、斯堪的纳维亚半岛、不列颠群岛和北美东部部分地区。乌克兰、白俄罗斯和俄罗斯境内均受到严重的核污染，超过 336 000 名居民被迫撤离。这一事故被认为是当时历史上最严重的核电事故，是首例七级特大核电事故[①]。

1991 年发布的解释认为，事故源于反应堆的设计缺陷。一方面是控制棒的重大设计缺陷，其尾端由石墨构成，导致在开始插入控制棒的前几秒钟反应堆输出功率会增加；另一方面，反应堆周围没有建造围阻体，使得压力容器破损后，放射性污染物会直接进入大气。

切尔诺贝利核电站采用压力管式石墨慢化沸水反应堆，事故发生在对反应堆的测试过程中。控制棒在实验时被取出，之后紧急停堆命令使所有控制棒全部插入，由于控制棒的插入机制是在 18~20 秒内慢速完成的，控制棒的空心部分的临时位移和冷却剂逸出，导致反应功率增加[①]。增加的能量进一步引起控制棒管道变形，导致控制棒在插入过程中被卡住，只能进入管道的三分之一，无法停止反应。随后 7 秒内，反应堆输出功率灾难性激增，达到了额定功率的十倍。燃料棒开始融化，蒸汽压力迅速增加，引发了一场大蒸汽爆炸，使反应器顶部移位并且被破坏，冷却剂管道爆裂并在屋顶炸开一个洞。由于反应堆以单一保护层方式兴建，

① 余一中. 切尔诺贝利核事故背后的真相[J]. 科学大观园, 2011, (9): 68-69.

放射性污染物在压力容器发生爆炸破裂之后直接进入大气。屋顶炸毁使氧气流入与极端高温的反应堆燃料和石墨慢化剂结合，引起了石墨火，火灾使放射性物质的扩散和污染区域更加广泛。

3.福岛第一核电站事故

2011 年 3 月 11 日，日本宫城县东方外海发生的 9.0 级地震及其引发的海啸，造成福岛第一核电站发生一系列设备损毁、堆芯熔毁、辐射释放等灾害事件，是切尔诺贝利核电站事故以来最严重的核事故，被列为七级核能事故。

福岛第一核电站共有 6 个沸水反应堆，地震发生时，4、5、6 号机组正处于停机状态，1、2、3 号机组在侦测到地震时立即进入自动停机程序。在反应堆自动停机后，厂内发电功能停止。由于地震对电力网造成大规模破坏，核电站无法利用厂外电源驱动冷却和控制系统，因此只能依赖厂区内的 13 台紧急柴油发电机组。但是接踵而至的 15 米海啸越过厂区 5.7 米的海堤，淹没了地势较低的柴油发电机组。近一小时后，一共有 12 台紧急发电机中止运转，供给反应堆的交流电源失效。冷却系统因此停止运作，反应堆开始过热，1、2、3 号反应堆的堆芯熔毁，并发生了几起氢气爆炸事件。日本政府估计释入大气层的总辐射剂量大约是切尔诺贝利核电站事故的十分之一。此外，大量放射性物质也被释入土地和大海。

2013 年 8 月 20 日，核电站又发生多达 300 吨的高辐射浓度污水从污水储存槽外泄的事故，该事故被评为三级。东京电力公司表示泄漏原因是蓄水罐变形，蓄水罐曾用胶圈进行密封，防止变形，但橡胶可能已经因老化而丧失功能。

福岛第一核电站 6 座反应堆中，1~5 号反应堆都是马克 1 型反应堆，由通用电气生产。曾有通用电气内部文件曝光，内容直指马克 1 型反应堆未经足够测试、存有影响安全的设计瑕疵。在诸多瑕疵中，马克 1 型围阻体的低围阻容量设计最为人所诟病，这种设计经不起爆炸以及氢气膨胀的冲击。

（五）新能源行业

随着传统化石能源日益紧缺和环境污染的加剧，以风能、太阳能为代表的新能源开发与利用得到世界各国的广泛关注。2000 年以来，我国积极发展可再生能源和新能源，可再生资源开发利用量显著上升。至 2010 年，我国水电发电量为 722.2 吉瓦，风力发电量上升到 31.07 吉瓦，光伏发电量为 890 兆瓦，生物质和垃圾发电量为 16.1 吉瓦。

但是，与世界部分国家相比，我国可再生能源的开发利用规模很小。以可再生能源发电量占总发电量的比重来看，2012 年我国可再生能源发电量占比为 20.29%，美国可再生能源发电量占比为 12.62%，而巴西、加拿大等国家的可再生能源发电量占比超过了 60%，如图 3-2 所示。

将我国新能源发电量（不包括水电和火电）与每年新增电力需求作比较（图 3-3）。

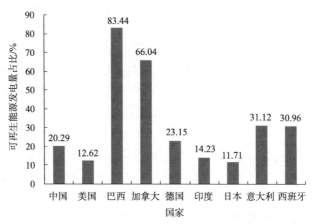

图 3-2　2012 年部分国家可再生能源发电量占总发电量的比重

资料来源：国家可再生能源中心.国际可再生能源发展报告[R]，2013

2007 年以前，新能源发电量未超过当年新增用电量的 20%；2010 年和 2011 年，新能源发电量占全社会新增用电量的比重分别为 23% 和 32%；2008~2012 年，由于全社会当年新增用电量较少，新能源发电量满足了 40% 以上的新增电力需求，尤其在 2012 年，新能源发电量满足了 78% 的新增电力需求。但从新能源发电量和全社会新增用电量的历年趋势来看，新能源发电量在满足电力需求方面的作用十分有限，不足以担当起支撑全社会用能的重任。

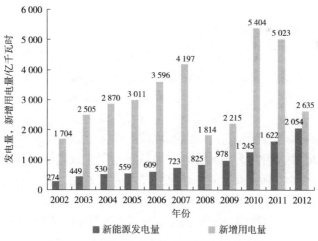

图 3-3　新能源发电量与新增用电量的比较

资料来源：《中国电力年鉴》

对我国而言，新能源行业发展在我国经济发展中所起的作用十分有限，新能源发展面临着以下问题。

1.耗费大量财政补贴

我国新能源行业扮演着"准公共品"的角色，为了鼓励新能源的开发和利用，我国从多个不同的方面对相关产业进行支持，主要有财政补贴（表3-4）和税收优惠，包括对新能源发电的装机设备和发电量补贴、新能源汽车的税收优惠等；对新能源产业配套设施的建设支持；对新能源产业发展的金融支撑和资金投入，如建立新能源金融信贷、加大研发经费的投入等。风力发电和生物质发电补贴差不多，平均值分别为0.228 6元/千瓦时和0.241 2元/千瓦时；太阳能发电的补贴远远高于风力和生物质发电，平均补贴高达1.875 8元/千瓦时，基本上是前两者的8倍左右。由此可见，为发展新能源和可再生能源，使其价格与化石能源具有竞争性，政府从政策上进行了大量的财政补贴，这个负担随着可再生能源比重的增加还会继续增大。

表3-4　2010年度全国新能源发电补贴金额（单位：元/千瓦时）

类别	平均值	中位数	众数	标准差	方差	极差	最小值	最大值
风力发电	0.228 6	0.230 0	0.220 0	0.631 8	0.004 0	0.512 0	0.006 5	0.741 0
生物质发电	0.241 2	0.234 4	0.210 0	0.551 9	0.003 0	3.399 0	0.145 0	0.484 1
太阳能发电	1.875 8	0.881 7	0.881 7	1.532 4	2.348 1	3.493 4	0.328 5	3.734 1

资料来源：《国家发展改革委、国家电监会关于2010年1-9月可再生能源电价补贴和配额交易方案的通知》（发改价格〔2011〕122号）"附件：一、2010年1-9月可再生能源发电项目补贴表"

2.新能源发展遭遇技术瓶颈

相对于发达国家，我国新能源利用起步较晚，新能源利用技术平均水平偏低。以风力发电技术为例，它虽然是我国发展最快的新能源行业，已具有1.5兆瓦以下风机的整机生产能力，但是一些核心零部件，如轴承、变流器、控制系统、齿轮箱等的生产技术难关却迟迟未能攻克。可再生能源发电并网一直是一大技术难题，其中的重要原因是我国没有构建智能电网，没有先进的电网调控和调度技术[1]。目前，我国新能源利用的大部分核心技术和设备制造依赖进口，自主创新的动力和能力不足，大多数新能源和节能环保的技术和产业缺乏自主的科学技术，且已有技术推广应用少、示范效应低。最后，由于技术和设备部分一般占新能源投资的绝对比重较高，导致我国新能源利用成本较高，不得不依靠财政补贴[2]。

---

① 周海鸥. 低碳经济在中国发展前景广阔[J].中国水能及电气化，2009，11：46-50.
② 鲁娴婷，杨再福. 低碳经济在中国的发展与对策探讨[J]. 环境保护与循环经济，2011，（10）：24-27.

二、现有改革措施评价

（一）煤电市场化

长期以来，煤炭作为国家垄断的重要能源行业，其定价受到政府的行政管制。基于此，我国实行的是重点合同电煤价格与市场煤炭价格双轨制，目的是利用行政手段将电煤价格控制在较低水平，以应对煤炭价格上涨带来的电价上涨，但也压缩了煤炭行业的获利空间。1993 年后，国家逐步放开除电煤之外的煤价；到 2002 年，电煤指导价格实现全部放开，除电煤之外的煤炭价格基本实现市场化定价。2005 年，煤电联动机制开始实行。2012 年年底，国务院发布《关于深化电煤市场化改革的指导意见》，提出，"当电煤价格波动幅度超过 5%时，以年度为周期，相应调整上网电价"，这一提法成为我国煤电联动机制的具体实施方法。

但是就政策实施效果来看，这一措施并未有效打破垄断、促进煤炭市场化。双轨制仍然存在于部分大型企业之中，且部分重点合同电煤价格与市场煤价格差距不断扩大。由于电价调整操作性难、涉及面广且影响较大，煤电联动往往难以同步进行。"市场煤，计划电"使我国煤电价格联动无法真正得到落实。当前煤炭价格正处于下行阶段，这将是煤电联动的最佳时机，若此时煤电联动无法完全实现，煤炭企业的生存环境将不断恶化，煤炭行业将跌入谷底，"煤荒"将再度袭来。

（二）油气改革

2013 年国家发改委决议将成品油的调价周期由 22 个工作日缩短到 10 个工作日，取消调价幅度限制，调整挂靠油种。这使成品油价格调整的滞后有了较大改观，缩小了成品油价格与同期生产成本的差距，向市场化迈出了重要一步。但与此同时，2014 年的多次燃油消费税的连续上涨打破了正常的油价调整机制。我国现行成品油消费税调整与成品油价格挂钩并不合理。两者之间并不存在必然联系，税收调整这一政府行为与价格涨跌这一市场行为相联动，事实上只是补贴了石油行业因油价下跌带来的损失，却并未给环境治理带来好处，同时也使居民的合法权益得不到保证，税收的稳定性与严肃性被破坏。与直接提升油品质量相比，利用消费税的提升治理环境只会陷入自我矛盾的怪圈。

相较于国际市场石油与天然气价格之比的 1∶0.6，我国两者之比达到 1∶0.24，这表明我国天然气价格存在偏低的现象。2013 年，为理顺天然气价格，我国出台了《国家发展改革委关于调整天然气价格的通知》。该通知区分了存量气和增量气，并提出增量气门站价格要一步调整到与可替代能源价格保持合理比价关系的水平，而存量气价格调整分 3 年实施①。2014 年，国家发改委调整非居民存量气价格，居民用气与增量气价格不变。这一措施的实施，有利于促进存量天然气与增量天然气价格并轨，进一步推动天然气价格的完全市场化，使天然气价格在市场竞争中能有效反映市场情况。此外，两气并轨将拓宽天然气领域的投资渠道，提高天然气的供给，并推动我国产业结构调整，加速产业转型。

专栏　国际天然气市场监管经验

一、美国

过去六十年中，美国天然气市场经历了"价格管制—局部管制放松—结构性重组"的过程。不同于其他国家，美国由于天然气的生产与消费存在地域不匹配问题，生产与管道运输的任何低效率都会对整个天然气市场产生重要影响，因此美国天然气市场改革主要集中于生产与运输等上游环节的批发市场。美国市场放松管制历程如下。

1. 市场价格限制引起供给不足（20 世纪 40~70 年代）

1938 年以前，美国天然气市场政府监管缺位。为了满足居民、商业用户日常生产需求以及维持工业生产的正常运行，美国联邦电力委员会（Federal Power Commission，FPC）于 1938 年颁布了《天然气法案》，拉开了对天然气价格进行管制的序幕。在井口价格上，按价格的演变趋势，价格管制主要分为三个阶段：第一阶段（1938~1961 年）主要采取低价管制措施，目的是最大限度地增加消费者剩余。《菲利普斯决议》的颁布开始要求联邦政府对州际井口价格进行管制，并且实行个别定价。但由于井口过多，合同申请并不能及时有效处理。同时，该定价根据历史成本定价，远低于实际成本，导致州际交易无利可图。这一方面使生产者转向未受管制的州内市场进行供给，另一方面，也挫伤了生产者积极性，勘探活动不断减少。两方面原因共同导致州际市场供给短缺。第二阶段（1961~1969 年）开始第一次提价，主要是为了刺激天然气储量和生产的增加，缓解供需失衡的局面。但由于提价过低，新增价无法覆盖企业扩大生产所需的勘探成本、开发成本以及技术研发成本等，并且还可能受到生产商个人的风险偏好影响，实际天然气产量反而进一步下降。第三阶段（1969~1978 年）进行第二次提价，增长率高达 82%。然而由于提价过高，新增价甚至高于企业扩大生产带来的收益，企业生产积极性降低，导致天然气生产并没有明显的增加，新增储量甚至处于下降的趋势，供需缺口进一步恶化。

---

① 《国家发展改革委关于调整天然气价格的通知》（发改价格〔2013〕1246 号）。

　　总的来看，1938~1978 年这一时期政府对天然气市场的过度管制并未有效控制垄断势力，消费者福利也未得到改善。可见，基于提高市场绩效的管制政策造成了事与愿违的结果。价格双轨制必然导致套利行为，州际市场与州内市场的价格统一才能确保供给效率的提高。最初政策的制定应具有远瞻性，政策频繁修正会产生巨大的转型成本。

　　2.分阶段的局部管制放松（1978 年至 20 世纪 90 年代）

　　（1）为解决天然气短缺问题，美国 1978 年颁布的《天然气政策法案》开始放开对州际市场的管制，具体措施包括放开新天然气协议的井口价格管制，允许批发市场竞争，加强州际管道管制。在井口价格部分放开之后，生产商供给逐渐增加，由于国内经济形势和国际油气价格变化不符合预期，这个放松管制的措施反而导致了 20 世纪 80 年代天然气严重供大于求的局面。不久，美国联邦能源管理委员会（Federal Energy Regulatory Commission，FERC）颁布 27 号法令，允许特定消费者直接与生产者签订合同，同时允许州际管道进行运输。1984 年 380 号法令免除了公用事业单位的最低购买量义务，但却未免除管道商的照付不议义务，加重了管道商的债务问题。

　　（2）为有效抑制管道公司的垄断势力，1985 年 436 号法令颁布，一是允许州际管道的公开准入，分销商从此可以绕过州际管道公司直接向生产商购买天然气。二是开始限制长期合同的使用，允许分销商退出与管道公司的长期合同。这一法令的颁布扩大了天然气购买主体，打破了管道公司对天然气生产商的买方垄断。同时，消费者也结束了管道公司的销售运输捆绑服务，可自行选择提供天然气和运输服务的生产商和管道公司。

　　总的来说，这一法令的颁布使管网公司的运输业务与销售业务分离成为可能。但对管道公司自身而言，这一法令的实施给其带来了巨大损失。由于之前长期处于天然气短缺困境，为保障供给，管道公司与生产商的交易是基于"照付不议"的长期合同进行的，而此时消费者由于选择范围的扩大并基于效用最大化，不再从管道公司购买天然气。该法令的颁布给管道公司带来了巨大的转型成本。

　　（3）由于 436 号法令只允许分销商退出长期合同，而管道公司无法退出与生产商的长期合同，这导致管道公司面临巨大亏损。为降低法令带来的转型成本，1987 年 500 号法令允许管道公司将转型期成本的 75%分摊给地方配气公司、生产商与零售商等。同时，要求管道公司开始向天然气终端零售商提供针对高峰期用气的即时输气服务。

　　（4）为进一步鼓励市场竞争，1992 年 636 号法令在 436 号法令的基础上进一步对解除管输公司的捆绑服务做出强制性规定，要求管道公司将运输、销售职能进行彻底分离，独立提供服务并且分别定价。严格禁止管道公司从事天然气销售业务，要求其转变为专业天然气输送商。而且由于天然气产业上下游已形成竞争市场，因此输送服务必须履行非歧视原则，按"先到先服务"的原则进行。此外，鼓励建立和发展市场中心，建立二级市场，即管道使用者可以购买其他使用者的闲置管道容量，这有利于实现管道容量的最优配置。

636 号法令的实施，在管道市场中引入了竞争机制，使美国天然气市场管输价格逐年下降，特定管道势力在市场中的作用日渐减弱，天然气市场绩效得到改善。但在 636 号法令颁布之后，天然气的存储和生产并未出现大的扩张。此次天然气市场改革仍然存在问题。一是运输价格管制导致了管道运输能力的下降，从而对供给形成限制。在管制的价格下，管道公司无法获得足够的收入去覆盖历史成本，从而无法进行管道运输能力的更新和扩张。二是分类定价在天然气零售市场上是失效的，主要原因是终端用户购买天然气和配送服务的交易成本大幅上升。

3.市场重建后的新发展

随着天然气市场竞争性的不断加强与信息技术的不断发展，天然气批发市场的交易开始从井口转向市场枢纽。美国的市场枢纽通常由州际管道公司牵头，由于枢纽增加了市场参与者的选择多样性，运输商可以从多处枢纽购买天然气，这有利于分散供给风险并最小化成本。同时，枢纽还改变了以往签订多个合同并多次进行运力重新配置的缺点，当前美国多数天然气交易均发生在市场枢纽与市场中心，现货市场与金融市场相辅相成。主要市场枢纽逐渐转变为现货市场，尤其是 Henry Hub。投资者通常根据 Henry Hub 现货价格来决定投资组合以及投资决策。此外，由于天然气价格风险较大，天然气金融市场开始出现。金融市场集市场多方面信息，能对现货价格进行很好的估计与指导，帮助交易商通过金融工具规避价格波动风险。此外，电子交易系统也开始发展起来。

相较于之前天然气生产与运输捆绑的合同市场来说，新的市场有不错的表现。例如，1993~1994 年冬天，因为天气严寒而增加的天然气生产和运输需求，使管道运输接近其容量极限。现货市场和合同市场的天然气供应量足以使市场出清。其中唯一一次大的天然气运输中断是源于电力中断，而非天然气供应不足。同时，市场重建之后，天然气的地面存储增加，天然气供给职能从管道运输环节转移至地方配气公司在井口市场购买天然气。

4.小结

简单来说，1985 年以前美国天然气市场生产、运输与分销是层级分明的垂直销售模式，管道公司集买卖于一体。该阶段所有交易都基于长期合同进行并且受到管制。到 436 号法令颁布，天然气市场竞争性加强，运输商对生产商的买方垄断与对分销商的卖方垄断被打破。在管道公司进行运输销售的同时，分销商也可直接从天然气生产地进行购买。而到 636 号法令，运输商销售职能被彻底剥离，只承担单一的运输职能。436 号法令、636 号法令以及之后一系列 FERC 法令的颁布，加强了天然气批发市场的竞争性，提高了州际管道运输的灵活性。

但就目前来看，美国天然气市场去管制并不十分彻底，对州际管道运输与二级市场费用的管制限制了运输合同效率，仅集中于批发市场改革，未考虑将竞争机制引入零售市场。但从美国天然气市场去管制化的历史演进可以看出：①管制框架需要考虑多方面因素不断进行优化。②引入竞争机制十分必要，对价格过度进行管制只会导致政府失灵，导致市场供给无法通过价格变动体现。③立法先行，先法后令。

二、欧洲

欧盟作为全球最大的天然气进口地区，在实行天然气改革之前，各国之间天然气市场分割严重，市场运行效率十分低下，天然气时常出现短缺[①]。自 20 世纪 90 年代以来，欧盟开始致力于对天然气市场进行改革。1988 年，欧洲委员会通过了《内部能源市场法案》，以此作为后续改革工作的基本指导原则。1994 年颁布开放勘探和开发领域的指令（94/22/EC）开始开放上游能源领域，以确保天然气勘探与生产活动的非歧视准入，建立竞争性市场。这两项举措为欧盟天然气市场化改革做了前期铺垫。

欧盟天然气市场自由化始于欧盟委员会 1998 年发布的第一燃气指令（98/30/EC），该指令针对中下游领域，旨在建立欧洲内部天然气市场。该改革的核心是推进具有自然垄断性质的基础设施的第三方准入。成员国可自愿选择协商准入或监管准入，而自然垄断的基础设施仍归于纵向一体化企业，但需要实行会计核算分离。此外，该指令设定了天然气市场开放的最低标准，仅年消耗量超过 2 500 万立方米的发电企业及终端用户可自由选择供应商[②]。

第一次指令实行后，各成员国成立了旨在监控指令执行的马德里论坛。为进一步加快完成欧盟内部能源市场的建立，欧盟发布第二燃气指令（2003/55/EC）与针对长输天然气管网准入的法会（1775/2005）。该指令要求加强纵向一体化的天然气管网公司在法律上将业务进行分离，强制各成员国设立能源监管机构；加强阻塞管理的协调，成员国间的容量分配及服务平衡问题；并进一步提高第三方准入要求，对管网费用进行监管。但同时 22 条规定，新建大型天然气基础设施可免除第三方准入，这有利于降低基础设施建设风险，加大成员国间的竞争程度，进而促进天然气新供应源的开发。但就前两次指令的执行情况来看，法律分离与职能分离对无歧视性准入收效甚微。

2009 年，第三次套案［包括第三燃气指令（2009/72/EC）和管网准入法令（715/2009）］发布，该指令以更坚决的态度推行第三方准入，加强各国监管机构的独立性与监管权力，进而实现对各成员国的有效监管。该指令明确提出了三类管网拆分方案。第一种是所有权拆分模式，即要求在产权上、主体上将管网业务与生产、销售业务完全分离，即不得通过产权关系混业经营。第二种是独立系统运营商（independent system operator, ISO）模式，允许垄断企业保留管网系

① 景春梅，苗韧，刘满平. 欧盟城市燃气价格的三次改革[J]. 价格与市场，2014，（6）：43-44.
② 马宝玲. 中国天然气市场化改革的理论与实证研究[D]. 对外经济贸易大学博士学位论文，2014.

统所有权，但管网系统交由独立运营商管理，即管网所有权与运营权相分离。第三种是独立管输运营商（independent transmission operation，ITO）模式，该方式是三种方案中最为宽松的[①]。其主要要求将管网资产委托第三方运营，但产权方可以参与决策、管理，运营商也可以同属一个母公司。欧盟天然气产业链分拆遵循"财务独立—业务独立—组织独立"路径。最终形成各环节相互独立、彼此竞争合作的格局，推动定价机制市场化与合理化。欧盟通过三次改革，实现了欧盟天然气内部统一市场的形成，天然气供应能力和安全水平显著提高，天然气价格保持稳定，效率和服务水平实现双提升。

此外，第三次套案发布的同时，统一、独立的欧洲能源监管机构合作署（Agency for the Cooperation of Energy Regulators，ACER）成立。至此，欧盟实现了两级监管体制，即各国监管机构和 ACER。前者的责任是制定调整管输税率，批准投资计划和审计周期，对违反监管规则的企业进行处罚。后者的职责为制定欧盟燃气价格改革的框架和指导原则，推动跨国天然气市场体系建设，推进各国合作[①]。

欧盟的三次能源改革还推动了欧洲各国间天然气管道的联网和市场大融合，由此出现了一些供需相对平衡的区域以及区域性的天然气价格，这些区域后来被打造为天然气交易中心，这些与供求关系紧密联系的区域性价格也在天然气市场交易中被广泛采用（2013 年欧洲约 50%的天然气采用交易中心价格），并衍生了天然气期货与期权交易。这一阶段，天然气市场法律体系逐步健全、产业监管日渐严格、价格机制持续完善、交易方式日益多元，欧洲天然气交易市场开始走向成熟。

欧盟以管网第三方准入作为改革突破口，在竞争与监管中实现了产业协调发展。同时，建立了统一的市场体系以打破市场分割，清除资源配置障碍，并在此基础上构建有效的监管体系，通过独立的监管机构和统一的监管规则成功推动了天然气改革。

三、英国

英国天然气市场改革主要围绕私有化"巨无霸"的英国天然气公司（British Gas Corporation，BGC）进行，是当时撒切尔首相推行产业私有化的重要部分。1982 年，英国政府颁布《石油与天然气企业法案》，开始在天然气上游领域引入竞争。但到 1986 年，英国政府才开始对天然气中下游市场进行改革。

1986 年以前，BGC 归为公有，集天然气运输、储存和供应于一体，不仅在天然气购买上存在买方垄断，同时也垄断着客户供应市场。这种垄断式经营阻碍了 BGC 竞争力的提升，带来了较高的经营成本与价格，进而制约了整个天然气行业的发展。到 1986 年，《天然气法案》开始部分放开对天然气市场供应的管制，要求在中游领域强制性允许第三方准入。此时，英国天然气市场主要分为批发市场、

---

① "城市燃气价格改革研究"课题组. 欧盟城市燃气价格改革启示及借鉴[J]. 经济研究参考,2014,(13):69-76.

合同市场和零售市场三个部分。这一举措有利于在中游领域引入竞争，为大用户开放市场，进而为行业竞争创造条件。同时，该法案要求对BGC进行私有化改造，单一纵向一体化的英国天然气公共有限公司（British Gas，BG）成立。此外，还依法组建了行业专门管理机构天然气供应署（Ofgas）负责天然气行业监管工作。

这一阶段的改革在一定程度上削弱了BG的市场地位，但由于现有气田仍归BG所有，新进入者面临高昂的新气田开发成本，竞争发展十分缓慢。同时，BG仍控制着管道系统和生产企业的长期供给合同，依然保留着对市场的控制权。因此，垄断局面并未得到显著改善。

在此背景下，为了促使生产商将天然气出售给独立供气商。1989年出台了90：10条例，即禁止BG签署英国大陆架任何地区超过90%的天然气供气合同，但仍未能解决BG对英国天然气管道进入的控制。到1992年，Ofgas进一步下调合同市场准入门槛，导致BG市场份额再次被强制压缩，并要求将现有部分购气权释放给竞争对手。一年后，Ofgas要求BG进行内部重组，实现运输与供气业务分开结算，以进一步加快市场开放进程。1994年，BG被拆分为若干子公司，其中国家电力供应公司（Transco）负责管道运输与储气库运营，供应、贸易、服务与零售则由另外四家子公司分别负责。

这一系列措施对1986年改革进行了补充，进一步遏制了BG的势力，创造了更加公平的市场竞争环境，促进了英国天然气的迅速发展。此后，英国天然气市场进入改革的巩固与完善阶段。

1995年，《天然气法案》明确要求开放天然气零售客户市场，确立以许可证为基础的行业监管框架，获得许可证的终端客户可自由选择供应商。之后，英国天然气官网准则正式生效，构建了英国天然气行业监管的基本框架，并明确了BG的权利与义务。1997年，BG建立新公司Centrica，负责天然气交易、销售与供气业务。到2000年，BG再次被拆分为BG plc与Lattice Group，其中BG plc负责天然气勘探、生产与存储业务，Lattice Group经营运输、电信与技术服务等。至此，BG最终完成从纵向一体化向非垂直整合的转变，英国整个天然气市场实现了上、中、下游的全方位竞争，仅保留对下游天然气管输费率的监管。

这一阶段改革不仅实现了天然气市场的充分竞争，也促使了现货市场产生。1986年天然气批发市场和合同市场开放后，长期合同不再能够满足众多市场参与者的需求。独立供气商和大用户需要更灵活的合同和天然气供应来有效地平衡短期供需。于是，天然气现货市场产生了。现货市场成为天然气的主要终端市场，使市场参与者可以通过现货市场交易达到天然气的短期供需平衡。天然气管道经营者也利用现货市场价格来确定管网供需平衡的成本。

从英国天然气市场的改革可以看出，对于"巨无霸"式的公司的整改并不仅仅在于私有化，还需要适当采取业务分离等政策对市场结构进行调整。在清除供应准入与行政壁垒的同时，还需要强有力的监管机构对垄断型企业采取强制性措施。

四、乌克兰

乌克兰是一个本地与离岸天然气资源都十分丰富的国家，拥有着完备的天然气存储设施、发达的天然气运输系统与分销系统，同时也是俄罗斯向欧洲出口天然气的主要通道。1990年后，乌克兰天然气消费总量有所降低，但仍占一次能源消费总量的一半以上。因此，乌克兰被看做是世界上天然气使用最为密集的经济体。尽管乌克兰天然气使用广泛，但其天然气市场的改革道路困难重重，在私有化进程中曲折前进。

1994年议会禁止输配管道及相关设施的私有化，管道均归乌克兰国家财产基金所有。其中，生产与输配归国家油气委员会监管，勘探归国家地质委员会监管，天然气价格与管道费收取受经济部管制。到1995年早期，乌克兰政府在天然气领域面临三大主要困难，即天然气产量下降、天然气进口支付不足与乌克兰作为欧洲天然气输送长廊的战略地位不保。首先，对于国内天然气产量下降的问题，乌克兰政府意识到国内缺乏足够的财政与技术支持，因此从国外引入资金，并发放勘探生产许可证给私人企业，以此来吸引大规模投资进而推动天然气勘探与生产活动。其次，由于此前Ukrgazprom是国内唯一的天然气进口商，往往能获得天然气价格高额补贴，这就导致了高额债务的存在，出现无法支付进口费用的问题。对于该问题，乌克兰政府在IMF（International Monetary Fund，即国际货币基金组织）压力之下，开始废除进口商主权担保，令部分地区私人企业可以进口与出售天然气。这样，乌克兰成为世界上首个在进口与供给中实现输配分开的国家。

但是勘探与生产许可证的发放也带来了一系列的问题。一方面，外国直接投资流到上游企业，同时贸易商提高工业用户支付价格，这终止了债务的增加。但另一方面，潜在投资者认为输配准入权未得到保证，政府管制无法吸引跨国公司投资，并且供给特权的再分配导致暴力、腐败与部分消费者、地区热力公司和发电厂的低价。此外，私人企业基于政府压力需保证国家战略供给，其积累的外债也归乌克兰政府承担，外债未完全得到解决。因此，这些措施并没有有效解决管输系统无效率的问题。

在1995年这类措施之后，乌克兰针对管网系统的改革存在两派意见。一派是Ukrgazprom和国家油气委员会，他们认为要加强国家对垂直一体化模式的控制，这个模式的建立有利于增加生产者收益，并且有利于对优先投资的回报。另一派是经济部、国家发展局、欧洲一体化与世界银行，此派坚持减少国家干预，私有化Ukrgazprom的生产、运输与市场活动、废除供给特权、私有化分销公司、自由化价格、单独建立输配网络的公开准入规则。

1997年中期，政府规定废除区域天然气进口与供给的垄断，私人企业可以进口并向工业用户提供天然气。其次，分销公司可以以经济部制定的固定价格向居民、地区热力公司出售 Ukrgazprom 国内生产的天然气。此外，乌克兰国家财产基金将分销公司份额低价出售给公司经理与当地金融投资者。但由于资产不包括管道以及管道使用的长期权利不明晰，阻碍了战略投资者进入。

到 1998 年上半年，居民等回款虽很低但足够维持私有化分销公司的运营，分销公司在确保基本运营后剩下的利润需上交给 Ukrgazprom。这种情况下，崇尚于建立垂直一体化的派别建议建立 Naftogaz。在该模式中，资产全归国有，Naftogaz 可剥夺经营不善的分销公司的资产使用权。并且 Naftogaz 宣称可以通过子公司资产的进入成为合资公司，进而吸引并增加外国直接投资。最后，该派认为 Naftogaz 能实现子公司之间利润的再分配，提供对优先投资的回报。Naftogaz 的建立令政府重拾对私有化的控制权力，进一步加强议会对国家财产基金的影响力。同时总统令提出要在 Naftogaz 框架之下有步骤地进行市场分离。

1998~2001 年，乌克兰天然气改革的框架基本确立。首先，建立国内财团与国外公司组建的国有股份公司来管理运输网络，并且至少达 15 年。其中财团所有权不超过 25%，输送容量由市场决定，平等对待所有管道使用者。其次，对分销商表现进行评估，表现差的企业的供给权利将转移给其他企业。再次，组织天然气销售商与大用户对 Ukrgazprom 天然气进行季度现金拍卖，但由于拍卖底价定得太高，拍卖进行得并不顺利。这也说明，拍卖会导致销售商失去大客户，政府需要强有力的政治承诺。此外，对天然气流量进行定期的测量、记录。最后，对 Ukrgazprom 的生产活动与国家地质委员会的勘探活动进行分离与私有化。这一系列改革措施令 Ukrgazprom 和 Ukrgaz 被重组为在 Naftogaz 框架下的三家公司，即运输公司、交易公司以及生产公司，其中运输公司拥有管输分销资产。同时，居民天然气价格仍由经济部制定，但天然气市场监管由经济部和国家油气委员会转移到国家电力监管委员会。

总的来看，乌克兰天然气改革缺少蓝图，方向不明确，存在两派观念之争。从其改革过程中可以看出以下几点：一是外部强加的目标与国内决策者思想的冲突通过引入区域的私人垄断供给来解决，但代价太高。国家应该废除对进口的干预还是保留对天然气市场的控制权，这个问题应该进行深入探讨。二是前任投资者在勘探和生产领域遭到的管制、税收与市场准入限制阻止了潜在投资者的进入。三是缺乏战略投资者的商业聚焦、经验与独立性，会难以应对政治压力与债务。四是供给自由化虽然给工业用户带来了好处，但竞争性市场的不稳定需要明晰的网络准入规则、更好的实时监测与合同安排。五是政府强有力的政治承诺十分重要。

（三）电力体制改革

"电"这一商品的影响和实际生活中的重要性并不相称，电的生产、消费和价格的任何风吹草动都会引发热烈讨论。他国如此，中国更甚。和众多的政策辩论不同，关于电的争论常常显得非常特殊——要么截然对立，要么鸡同鸭讲。前者表现在电力行业是天使还是魔鬼、电网拆与不拆、调度中心是否独立、输配是否分开等。后者体现在输配分开与竞价上网、环境税与交叉补贴、拆分电网打破垄断与大用户直接交易等。

特殊的背后反映了电这一商品的独特性。技术上需要实时平衡，生产组织上部分有自然垄断性质，发电过程会产生污染并释放二氧化碳。电还是生活必需品，因此又多了生活保障方面的考虑。讨论电力，既要统筹"不可能三角"，同时由于电力是重要的投入品，电力行业的绩效又要考虑是否和其他政策目标冲突；既需要从效率的角度，又需要从公平的角度来考量；既要让市场起作用，在市场失灵的部分还得让政策发挥作用，防止政策失灵。由是观之，决策者其实处于较为困难的境地。

据媒体报道，电力改革可能的方向（表3-5）是：有序放开输配以外的竞争性环节电价，有序向社会资本放开配售电业务，有序放开公益性和调节性以外的发用电计划；推进交易机构相对独立、规范运行；进一步强化政府监管，进一步强化电力统筹规划，进一步强化和提升电力安全高效运行和可靠供应水平[①]。

表 3-5　现行体制和改革的目标特征

目标	稳定供应	污染治理	价格	交叉补贴和普遍服务	产业结构调整	有效监管
现行体制	有	无	国家核定	有	不	不
可能方向	有	无	单独核定输配电价，分步实现公益性以外的发售电价格由市场形成	过渡期间，电网企业申报交叉补贴数额，通过输配电价回收	恶化	存疑

不难看出，这一提议的好处是消除电网垄断力的延伸，加大了配电环节的竞争，并解决了配电环节的 X 非效率问题，配电部分的效率因而提升。

不过，这是否完全抓住了电力行业面临的主要矛盾，找准了改革关键所在？解决配电环节的问题的确是重要组成部分，但是解决安全可靠的供电问题，解决电力生产过程的污染，以及解决企业的资产膨胀、内部效率以及利益转移问题，应该是更大的优先项。

这个提议也没有提及政府在两个市场失灵处该担负的责任：在竞争性的发电侧，需要政府的税收或者行政手段来降低污染排放；在自然垄断部分，需要政府投资设施、培训配备人员来对企业进行有效监管，以控制成本、提升内部效率、减少行业价值向上下游关联企业转移。

---

① 周小谦.正确把握电力市场化改革方向[N]. 经济参考网，2013-11-08.

除了该提议以外，如果继续大面积推行"大用户直接交易"，会造成两个方面的后果。一方面是用电成本的降低会刺激高耗能产业的进一步扩张，造成国家产业结构的进一步恶化，冲击产业结构调整的政策效果。另一方面是由于来自工业的收益下降，电网企业维持交叉补贴，提供电力普遍服务的能力将急剧下降。这将给民政部门和财政部门带来冲击，财力不佳的地区，所受的冲击更为严重。

需要强调的是，红利不大的改革将带来巨大的利益调整。初步的分析表明，若提议中的某些措施得以实施，赢家将可能会是高耗能产业，输家是财政部门、民政部门、地方政府、居民、农村和偏远地区以及产业结构调整政策。至于电网本身，则是得失皆有，总体有利。电网的规模变小了，收益低了，但其承担的义务也将减少更多。各个地区的电网则是苦乐不均，东部电网获益，中西部的电网利益受损。

专栏 国际电力体制改革经验

20 世纪 80 年代末，伴随电信、石油等公用事业的改革浪潮，世界电力行业拉开了改革序幕。智利是实行电力市场化改革最早的国家，其改革始于 1987 年，智利电力部门改革的主要推动力不是电力部门本身，在很大程度上受其经济和政治改革进程的影响。电力部门私有化改革以提高电力企业的效率、促进电力行业的竞争和多样化用户的选择为目的。这个改革从智利开始逐渐延伸至欧洲、其他美洲国家、大洋洲和亚洲一些国家和地区，形成了一场电力行业改革的国际潮流。

1989 年，英格兰和威尔士追随这个浪潮也开始大规模的电力私有化和市场化改革，它们的改革经验被广泛研究，也被很多国家借鉴，应用到本国的电力市场改革中去。但是 2000 年美国加利福尼亚州发生的电力危机改变了大家对电力市场私有化改革的热情，这场危机不仅引起了世界的关注，更引发了对放松电力管制及发电市场化的做法是否明智的质疑。在这场危机的阴影下，一些国家，如韩国和泰国，受到来自本国反对者的压力，中止了国内的电力市场化改革。

一、主要经济体的改革历程

1.美国

美国电力工业开始于 20 世纪 80 年代末。电力体制改革的主要内容是：①发电端放开，实行投资主体多元化，允许公用电力公司以外的投资者投资建厂，这一政策使非电力公司拥有的独立发电厂迅速发展。②公用电力公司相应改变发、输、配电垂直管理模式，组建一批控股的子公司，实行输电子系统分开管理，输电和配电分开结算。③鼓励发电环节竞争。各独立电厂上网电价按市场价与电力公司电厂竞争[①]。

美国电力市场已具备有效竞争市场的应有特点，FERC 从四个方面规范和促进电力批发市场竞争：①增强需求侧响应，利用市场价格来刺激需求弹性，以提高系统运行的灵活性。②促进长期合约交易发展，重点在于增加市场参与者之间的透明度，允许相互交换长期电力交易的信息。③提高市场监测能力，主要是增强市场监测机构（market monitoring unit ，MMU）的独立性。④建立新的规则，提高区域输电组织和独立系统运行机构对用户意见的处理速度，提高服务水平[②]。

目前，美国只有区域电力市场，尚未形成全国范围内的国家电力市场。随着区域间电网的加速建设和区域电力市场间的密切合作，以及由 FERC 引导的智能电网发展，电力市场范围从区域向全国的扩大成为主要趋势。

为确保能源供应安全，保护环境，应对气候危机，近年来，美国大力发展新能源，优化电力供给结构。美国现有的电力供给结构仍然高度依赖化石燃料。2008 年，煤电占美国总电力供应的 49.94%，天然气发电占美国总电力供应的 20.19%，核电占美国总电力供应的 20.37%[①]。根据美国《清洁能源安全法案》，到 2020 年，至少有 20% 的发电量来自风能、太阳能等可再生能源。2015 年 8 月，《清洁电力计划》提出到 2030 年发电厂碳排放目标将在 2005 年的基础上减少 32%[③]。探索促进可再生能源大规模发展的市场机制，是美国电力市场建设的重要趋势。

2.英国

1989 年，英国议会通过了关于英格兰、威尔士和苏格兰电力企业私有化计划，并对《电力法》进行了重大修改。修改后的《电力法》以电力行业的私有化、自由化、去垄断化和引入竞争为主要原则。从 1990 年 4 月开始，英国电力工业依法进行了改革，改革的主要内容如下。

第一，所有权从国家向私人投资者转变。就英格兰和威尔士来说，原来的中央发电局管理发电和输电的国有公司和 12 个地区配电局，输配电是分开的。改革后将发电、输电、配电和售电各自独立并实现私有化。第二，雇员向继承企业转移。企业把裁员作为降低成本的主要手段。第三，引入竞争性市场，包括引入市场竞争机制，建立市场结构，如制定交易规则、市场进入规则、交易计价方法等。第四，形成独立管制系统。为适应电力工业私有化的需要，建立了新的管制机构和管制办法，以保证竞争的公平性和有效性[④]。英国电力监管办公室在总结电力体制改革情况后，进一步设计了以发电商、售电商、交易商和用户之间的双边合同为基础，以更高效地实现电力供需平衡、保障电力系统正常运行为目的的新电力交易制度。

①　中国水利部农电局.美国电力体制改革[J].农电管理，2000，（4）：43-44.

②　许子智，曾鸣. 美国电力市场发展分析及对我国电力市场建设的启示[J]. 电网技术，2011，6：161-166.

③　奥巴马推终极版《清洁电力计划》[EB/OL]. 新华网，http://news.xinhuanet.com/world/2015-08/05/c_12809 4054.htm，2015-08-05.

④　朱成章. 英国电力改革 20 年引发的思考[J]. 中外能源，2011，4：7-13.

现在，英国为了应对气候变化，实行节能减排，鼓励低碳能源发展，正在酝酿新的电力体制改革。由于英国能源市场的自由化程度较高，缺乏必要的财政刺激政策，各大电力公司选择以可再生能源作为发电电源存在较大的风险。因此，有必要对这一过度自由化的市场进行改革。

3.德国

德国的电力市场开放始于 1998 年 4 月 29 日联邦国会批准的能源经济法新规定法规。在修订反竞争限制法和联邦价格法的同时，根据能源经济法规的规定，开始开放电力和天然气市场，主要措施如下。

第一，取消了受功率限制的电力供应的特殊法律地位；第二，得到许可证合同和区域划分合同保障的地区垄断被禁止或宣布无效；第三，任何人都有权建设线路（在建筑法范围内）；第四，城镇必须无歧视地向一切线路建设者提供利用合同；第五，电网运营商必须使其电网对第三方透明，客观地、无歧视地提供利用条件，滥用市场力将根据卡特尔法受到追究；第六，电网利用条件应通过各联合会（联合会协议）商定[①]。

电力市场的开放，对于用户来说，可以自由选择供电商；对于供电商来说，意味着必须与对手展开竞争。这不仅极大地推动了能源工业的集中化，大量供电公司合并，同时也出现了新型电力交易活动。除较大的公司都增设了电力交易部门或设立电力交易公司，也衍生出独立的电力交易商。

4.日本

日本在保持原九大电力公司垂直一体化模式的同时，实行售电侧放开，并成立监督机构，建立起公平、公正、公开的市场机制。改革后，日本的平均电价有所降低，但供电质量保持稳定，改革效果令人满意。日本电力市场化改革的主要内容有以下几个方面。

第一，发电环节引入独立发电商。1995 年，日本修订的电力法确立了独立发电企业的法律地位，初步放开了发电侧准入。第二，逐步实行售电侧放开。2005 年之后，可以自由选择供电商的用户的用电量占总用电量的比例达到 63%。第三，废除"调拨供电费制度"。2005 年 4 月，日本政府以此促进跨区交易的发展，实现用户可以不受供电服务区域的约束选择供电公司。第四，建立电力批发交易市场。日本电力批发交易所（Japan Electric Power Exchange，JEPX）于 2003 年 11 月成立。第五，成立输配电中立监管机构。根据 2003 年 6 月修改后的电力法，日本电力系统利用协会（Electric Power System Council of Japan，ESCJ）于 2004 年 2 月成立，并于 2004 年 6 月被政府指定为日本唯一的"输配电等业务支援机构"，即中立监管机构[②]。

2013 年，日本通过了《电气事业法修正案》，明确新一轮电力改革的实施阶

① 王晓春. 德国电力体制改革及电力市场介绍[J]. 内蒙古石油化工，2005，2：50-54.
② 阙光辉. 日本电力市场化改革最近进展及启示[J]. 电力技术经济，2007，6：9-13.

段：第一阶段（截至 2015 年），成立广域系统运行协调机构，负责协调全国各个电力公司调度机构运营；第二阶段（截至 2016 年），全面放开零售市场，允许所有用户自由选择售电商；第三阶段（2018~2020 年），将电网环节与发电业务进行法律分离，全面放开市场价格管制。本轮改革的主要目标是实现电力安全稳定供应，最大限度地抑制电价增长，扩大用户选择权和增加商业机会[1]。

二、电力体制改革的新方向

除市场化改革外，近年来，各国电力体制和机制改革受到低碳、环保、清洁能源和绿色发展等国际焦点问题的影响，改革出现了一些新的变化和特点。

1.电力市场重在建设适应新能源、可再生能源发展的大市场

为了应对气候变化和减排压力，各国都在探索促进新能源、可再生能源发展的市场机制和价格机制。

从发电量政策来看，2009 年美国出台了可再生能源配额标准，要求所有的发电企业或者零售业都必须支持可再生能源的生产。机制设计中允许发电企业进行市场交易，成本高的企业可通过市场交易购买其他企业生产的可再生能源信用，从而完成企业必须承担的可再生能源配额。

从价格政策看，国际上可再生能源价格政策主要分为以下三类：固定电价，如德国是运用固定电价比较成功的国家；溢价电价，如西班牙是实施溢价电价体系的典范，2004 年，西班牙开始对可再生能源电价实行"双轨制"，即固定电价和竞争加补贴电价相结合的方式；绿色电价，如荷兰是绿电电价体系追随国，消费者对可再生能源电力的自愿认购价大约每千瓦时 8~9 欧分，目前，荷兰的绿电用户已经达到 30%[2]。

目前，各国在发展可再生能源发电、深化电力体制改革的实践中都有不同的做法，各有利弊，同时也适用于不同的国家情况与电力市场发展阶段，存在多种制度交替、综合的现象。我们根据上网制度和典型国家的实践进行总结与比较（表 3-6）。

表 3-6　各国可再生能源发电价格政策比较

制度类型	代表国家	优点	缺点
固定电价制度	德国	没有价格风险，能快速促进投资；电价明了，方便管理；附加的成本可进行均摊，减轻电网公司的财务负担	对可再生能源发电的发展目标存在不确定性；不利于降低可再生能源电价；不利于优化电源结构与项目；不能对可再生能源的成本进行迅速反应；管理的成本、不确定性较高
招投标制度	法国、丹麦	可以较低的成本大规模发展可再生能源发电；政府为购电协议提供有效保证，可以降低投资者的风险；促进、鼓励技术进步、成本降低	大型项目开发的主要权力在中央，地方缺乏积极性；审批复杂、招标耗时，既增加了管理成本，又易使大公司垄断

① 马莉，杨素，魏哲. 日本电改"三步走"[J]. 国家电网，2014，4：58-60.
② 罗鑫，张粒子，李才华. 国际上鼓励可再生能源发电制度的利弊分析[J]. 可再生能源，2006，4：3-6.

续表

制度类型	代表国家	优点	缺点
配额制度	英国、比利时、瑞典	发展目标量化、明确，对投资商、开发商、设备商有利；绿色证书交易是公平竞争的市场机制；政策架构具有稳定性；配额制易解决与常规电力的差价分摊问题	"配额"设置了可再生能源发展的上限，不能最大限度地开发可再生能源。价格完全取决于市场，可能使大企业垄断。份额标准的确定、可交易的市场体系建立比较复杂

资料来源：罗鑫，张粒子，李才华. 国际上鼓励可再生能源发电制度的利弊分析[J]. 可再生能源，2006，4：3-6

2.电网的发展重点是以智能电网为基础的大电网

智能电网是满足跨区域电力交易、大范围跨区联网和大规模清洁能源发展的基础，世界各国均以加强智能电网建设来推动跨区域的电力合作。

例如，欧盟将选择 30 座城市作为"智能电网"和"空间绝缘"城市的试点，来争当全球绿色科技竞赛中的领跑者[①]。该战略预计将建立 25~30 座所谓的"空间绝缘"城市，这种城市的能源来自城市本身的垃圾再利用、太阳能和风能，而不依赖外来能源。而后，这些自产能源将被用来驱动电动车、有轨电车等交通工具。这些采用智能电网的城市将成为智能电网的核心，新一代节能建筑和采用可再生能源的运输方式都将在欧洲成为现实。美国则通过技术革新更新改造陈旧老化的电力设施，提高能源效率，其智能电网主要指对配电网和长距离输电系统进行数字化升级，加强跨区输电联网，优化输配电系统的运行。

专栏　输配电体制模式

早期世界各国的电力体制主要实行的是发、输、配、售垂直一体化的经营模式。随着经济发展、电力技术进步和市场需求变化，垂直一体化的垄断经营模式越来越暴露出它的弊端，即竞争活力缺乏、经营效率低下、电力投资不足、电力价格垄断。随着对铁路、民航、电信、天然气等自然垄断行业市场化改革的推进，一些国家开始了电力产业的市场化改革。20 世纪 80 年代末以来，以英国和美国为代表，世界上已经有 100 多个国家（包括 70 多个发展中国家）进行了电力体制改革[②]。各国根据本国国情和改革的初始条件，进行不同程度、不同方式的电力产业市场化改革。电力产业市场化已成为世界大多数国家电力体制改革的共同趋势。目前世界各国的输配电管理模式可总结为以下七类，如表 3-7 所示。

---

① 欧盟拟建 30 座智能电网试点城市[EB/OL]. 凤凰网，http：//finance.ifeng.com/news/special/jqzndw/hqcj/20090924/1277168.shtml，2009-09-24.

② 綦树利. 深化电力体制改革的几个问题[J]. 宏观经济管理，2012，7：21-23，27.

表 3-7　世界各国的输配电管理模式总结

管理模式	模式介绍	代表国家或地区
全国为单一垂直垄断管理模式	全国的发电、输电、配电（包括销售）业务全部由一个电力公司经营，该电力公司属于单一垂直垄断经营企业	法国、意大利、葡萄牙、希腊
单一发电、输电公司与多家配电公司管理模式	由单一的电力公司经营国内的发电与输电业务，而配电业务由多家经营	英国、澳大利亚、新西兰电力改革前的模式
单一垂直垄断企业和多家发电、配电公司管理模式	输电公司由单一电力公司经营，且这个输电公司有垂直垄断的发电与配电业务；发电、配电部门允许其他发电企业加入	美国、德国和中国
多家发电公司与一家输电、配电公司的管理模式	将具有规模经济的输电、配电部门由单一的输电、配电公司经营，发电部门则由多家经营	中国海南省
一家输电公司与多家发电、配电公司管理模式	将具有规模经济的输电、配电部门由单一的输电、配电公司经营，发电部门则由多家经营，将配电公司进一步划分为多家经营；有的国家允许用户直接向发电厂购电，并允许第三方通过电网输电，支付输电费用	英国、挪威、阿根廷、智利、澳大利亚、新西兰、荷兰
多家垄断的发电、输电公司、配电公司管理模式	一个国家或一个地区内的发电、输电业务由多家垄断的电力公司分区经营，配电业务则由多家配电公司经营，输电公司的网络互相联结	美国加利福尼亚州
多家垂直垄断的电力公司管理模式	一个国家的电力供应由多家发电、输电、配电垂直垄断的电力公司分地区经营，电力公司间电网互相联结	日本（除冲绳）

专栏　我国电力体制改革的历程

我国电力体制改革大事记和 2002 年以来我国电价政策的演变见表 3-8 和表 3-9。

表 3-8　我国电力体制改革大事记

改革措施	改革时间	改革内容
政企分开	1997~1998 年	电力行业"政企分开"，电力部撤销，国家电力公司承接了原电力部下属的五大区域集团公司、七个省公司和华能、葛洲坝两个直属集团
电力体制改革	2002 年 3 月	国务院批准《电力体制改革方案》，决定由国家计划委员会牵头，成立电力体制改革工作小组，负责组织电力体制改革方案实施工作
国家电力公司拆分	2002 年 12 月	国家电力公司拆分为两大电网公司和五大发电集团，即国家电网公司、中国南方电网有限责任公司（简称南方电网）以及中国华能集团公司、中国大唐集团公司、中国华电集团公司、中国国电集团公司、中国电力投资集团公司
国家电力监管委员会（简称国家电监会）成立	2003 年 3 月	国家电监会成立，开始履行电力市场监管者的职责，实现"政监分开"
电价改革方案	2003 年 7 月	国务院出台了《电价改革方案》，确定电价改革的目标、原则及主要改革措施

续表

改革措施	改革时间	改革内容
标杆上网电价	2004 年 3 月	出台标杆上网电价政策，统一制定并颁布各省新投产机组上网电价
煤电价格联动	2004 年 12 月	国家发改委出台煤电价格联动机制措施
电力监管条例	2005 年 2 月	《电力监管条例》颁布
电力体制改革	2006 年 2 月	"十一五"电力体制改革任务确定
煤电二次联动	2006 年 6 月	第二次煤电联动，火力电企电价调整，各区域上调幅度不同，在 1.5%~5%
可再生能源发电	2007 年 1 月	国家发改委发布《可再生能源电价附加收入调配暂行办法》
小火电	2007 年 3 月	国家发改委下发《关于降低小火电机组上网电价促进小火电机组关停工作的通知》，并分四次批复了全国各省区小火电降价方案
上网电价	2008 年 7~8 月	电价两次上调，上网电价平均涨 4.14 分，销售电价平均涨 2.61 分，缓解了煤价大幅上涨导致的电企亏损
电价改革意见	2009 年 10 月	国家发改委和国家电监会联合制定《关于加快推进电价改革的若干意见(征求意见稿)》
大用户直供电试点	2009 年 10 月	国家发改委、国家电监会和国家能源局联合批复辽宁抚顺铝厂与华能伊敏电厂开展直接交易试行方案，标志着电力用户与发电企业直接交易试点正式启动
电能交易	2009 年 10 月	国家发改委、国家电监会、国家能源局三部门发布《关于规范电能交易价格管理等有关问题的通知》
电力主辅分离	2011 年 9 月	两家电网公司的勘测设计企业，火电、水电施工企业和电力修造企业剥离，同时并入新成立的中国电力建设集团有限公司和中国能源建设集团有限公司
撤销国家电监会，重组国家能源局	2013 年 3 月	国家能源局、国家电力监管委员会的职责整合，重新组建国家能源局，由国家发改委管理，不再保留国家电监会
销售电价分类简化政策	2013 年 6 月	国家发改委下发通知，决定逐步调整销售电价分类结构，规范各类销售电价的适用范围。由现行八大类逐步归并为居民生活、农业生产、工商业及其他用电价格三个类别，每类再按用电负荷特性分档

表 3-9　　2002 年以来我国电价政策的演变

改革措施	改革时间	效力范围	改革内容
电价需求侧管理	2003 年 5 月	销售电价	推行峰谷分时电价、丰枯电价、避峰电价等一系列电价制度，以解决峰谷差越来越大的矛盾。通过电价政策经济手段引导发电企业充分利用发电能力，引导用户合理用电，削峰填谷，减少系统备用，节约资源
《电价改革方案》，国办发〔2003〕62 号	2003 年 7 月	上网电价、输配电价和销售电价	长期目标：在进一步改革电力体制的基础上，将电价划分为上网电价、输电价格、配电价格和终端销售电价；发电、售电价格由市场竞争形成；输电、配电价格由政府制定。同时，建立规范、透明的电价管理制度
标杆上网电价政策	2004 年 3 月	上网电价	出台标杆上网电价政策，统一制定并颁布各省新投产机组上网电价。摒弃了 2004 年以前按照补偿个别成本的原则定价的模式，开始按照区域社会平均成本实行统一定价，不再实行一机一价

续表

改革措施	改革时间	效力范围	改革内容
《关于建立煤电价格联动机制的意见》	2004年12月	上网电价	根据煤炭价格与电力价格的传导机制，建立上网电价与煤炭价格联动的公式
《上网电价管理暂行办法》、《输配电价管理暂行办法》和《销售电价管理暂行办法》	2005年3月	对应上网电价、输配电价、销售电价	确定了上网电价、输配电价、销售电价改革方向
《可再生能源发电价格和费用分摊管理试行办法》	2006年1月	上网电价	对可再生能源项目的上网电价规定政府指导价
第二次煤电联动	2006年6月	上网电价	第二次煤电联动，火电企业上网电价上调
《可再生能源电价附加收入调配暂行办法》	2007年1月	销售电价	可再生能源电价附加标准、收取范围由国务院价格主管部门统一核定，并根据可再生能源发展的实际情况适时进行调整。可再生能源电价附加调配、平衡由国务院价格主管部门会同国务院电力监管机构监管
《关于"十一五"深化电力体制改革的实施意见》	2007年4月	上网电价、输配电价、销售电价	逐步推进电网企业主辅分离改革；构建符合国情、开放有序的电力市场体系；继续深化电力企业改革，逐步理顺电价机制；研究制订输配开分方案，稳步开展试点；稳步推进农村电力体制改革，促进农村电力发展；做好电力法律法规修订相关工作，加快电力法制建设；进一步转变政府职能，完善核准制度，健全监管体制
《燃煤发电机组脱硫电价及脱硫设施运行管理办法》	2007年5月	上网电价	出台上网电量执行在现行上网电价基础上每千瓦时加价1.5分的脱硫加价政策
上网电价上调	2008年7~8月	上网电价	电价两次上调，上网电价平均涨4.14分，销售电价平均涨2.61分，缓解了煤价大幅上涨导致的电力企业亏损
国家调整各地销售电价	2009年11月	主要是销售电价，上网电价部分调整	将全国销售电价每千瓦时平均提高2.8分。各地区、各行业电价调整标准有所差异。对上网电价做了有升有降的调整。对销售电价结构做了进一步优化和完善。加快了城乡各类用电同价、工商业用电同价步伐，并按照公平负担的原则，适当调整了电压等级之间的差价
《关于居民生活用电实行阶梯电价的指导意见》	2010年10月	销售电价	居民生活用电实行阶梯电价
15省市非居民用电价格上调	2011年5月	销售电价	非居民用电价格上调
《关于2013年深化经济体制改革重点工作的意见》	2013年5月	上网电价、销售电价	推进电价改革，简化销售电价分类，扩大工商业用电同价实施范围，完善煤电价格联动机制和水电、核电上网价格形成机制
关于调整销售电价分类结构有关问题的通知	2013年5月	销售电价	简化销售电价种类，将销售电价由原来的八类改为三类
部署完善核电价格形成机制	2013年7月	上网电价	将现行核电上网电价由个别定价改为对新建核电机组实行标杆上网电价政策，并核定全国核电标杆电价为每千瓦时0.43元

专栏　如何看待深圳电改

　　2014 年 10 月，国家发改委正式印发深圳输配电价改革试点方案，在深圳率先实行基于有效资产的独立输配电价形成机制。在新的价格机制下，电网企业盈利由现行"购销价差"模式改为"成本加收益"模式，准许成本和收益由政府监管部门严格核定。首个监管周期（2015~2017 年）的电价水平分别为每千瓦时 0.143 5 元、0.143 3 元和 0.142 8 元。这标志着我国电力市场化改革进入正式实施阶段，对电网企业的监管方式向科学化、规范化和制度化转变[①]。

　　深圳电改的核心目标是发现电力的真实成本，建立独立的输配电价形成机制。此次电改包括五方面：①监管方式和定价方式的改变。对电网企业监管由现行核定购电售电两头价格、电网企业获得差价收入的间接监管，改变为以电网资产为基础对输配电收入、成本和价格全方位直接监管。定价首次按"准许成本加合理收益"方法测算制定独立、明晰的电网输配电价。②电网不再统购统销。深圳改革方案还原了电网作为电力高速路的属性，这对新能源，尤其是分布式来说是重大利好。简单举例来说，原来 A 到邻居 B 家串门，必须开车先上高速，然后下高速，再到 B 家，现在 A 可以直接去 B 家了。③强化成本约束。对输配电成本的激励和约束可以促进输配电成本的降低，而且通过对准许成本的明确规定，使输配电成本构成清晰，对输配电成本进行了严格成本监审，从严核定折旧年限，逐年核减新增运行维护费用，核减了与输配电业务无关、无偿接收的固定资产，以及部分新增不符合规划的投资和超前投资，输配电价逐年有所降低，强化了对电网企业的成本约束。④推进销售电价改革。建立独立的输配电价体系，是推进电力市场化改革的必然要求，是加强对电网企业成本约束和收入监管的有效途径，也是促进电网企业健康协调发展的重要条件，有利于增加销售电价调整的透明度。⑤促进电力市场化。公布分电压等级输配电价后，电力用户或市场化售电主体可按其接入电网的电压等级支付输配电价，有利于电网无歧视地向所有用户开放，促进发电侧与销售侧电力市场建设和市场主体培育。

　　深圳在电力试点改革方面具有独特的优势。早在 20 世纪 80 年代末，深圳市在电价管理机制、销售电价结构等方面就已进行了改革，包括设立以电价调节准备金为基础的动态平衡机制，根据用户的用电负荷特性改革销售电价结构等，形成了有别于其他地方的独立电价体系[①]。就南方电网内部而言，深圳各方面条件比较好，具备电价改革的体制条件。就全国而言，深圳是改革开放的前沿，政府具有改革的经验和决心。

---

① 王旭辉. 南网将确保深圳电价改革措施落实到位[N].中国能源报，2015-01-26.

不过，就目前而言，深圳电改效果如何、经验如何在全国范围内推广还无从知晓，但应未雨绸缪，从以下几个方面深入考量。

第一，多买多卖的电力市场的形成，可能会阻碍经济结构的转型。火电消耗大户将以直购门槛为界限，强行挤入电力高速公路，潜在增加了环境的污染，高耗能产业如果继续做大，也将直接冲击产业结构的转型目标。

第二，强化监管将倒逼政府管理体制的完善，但可能会影响资源有效配置和电力普遍服务。对电网企业实施有效的监管会倒逼政府加强对自身能力的建设，一方面减少事前审批，杜绝企业寻租行为与腐败的出现；另一方面促使新的监管和考核体系的推出，如使电价逼近真实成本，进而实现资源的有效配置。然而，过度的监管可能会导致电力企业在投资层面更加谨慎乃至驻足不前，不利于保障电力供给，尤其是农村地区的电力供应可能会受到影响；另外，在运行层面电网企业将不再发挥优化组合供需两侧资源的优势，供需的脱节可能会造成资源的浪费。而且，随着电价交叉补贴机制逐步瓦解，城乡居民和偏远地区面临电价上涨的风险，财政、民政部门及各地方政府必须承担起此前电网所承担的电价补贴和普遍服务功能。

第三，由于区位特点、负荷密集程度、经济发达程度等因素不可比，这就意味着其他地区较难复制深圳经验。深圳属于改革开放的前沿，具有良好的改革基础，而当下的深圳没有农村，是一个资源高度密集的城市，没有区域差别，财政收入又很高，其经验对于经济较不发达地区而言可能并不适用。而且，在深圳的电力供给中，核电占比相当大，并且污染较低。由于核电的收益较为隐性，而损失却是显性的，其可接受性绝大部分取决于人们的受教育程度，但我国各地区的受教育程度存在很大的差异，核电项目在其他地区可能会遭遇"PX"[①]化命运。

（四）核电改革

我国对于核电发展的政策近年来不断变化。2005 年国务院颁布《核电发展中长期规划（2005—2020）》，提出"积极发展核电"的方针，我国核电走上快速发展的道路。2011 年 3 月 11 日发生的福岛核事故改变了我国核电的发展节奏，强调要把安全放在核电发展的第一位，并在当年没有开工任何核电建设项目。在我国核设施经过全面的安全检查以及基本完成整改的基础上，2012 年 10 月 24 日，国务院召开常务会议，批准了核电安全规划及调整后的《核电发展中长期规划（2012—

---

① PX 是一种重要的有机化工原料，中文名为对二甲苯，主要用于生产塑料和薄膜等。我国的 PX 需求不断扩大，为了满足国内 PX 的需求，我国计划建设一批大型 PX 项目。但是，工程进展因为受到公众误解而推进缓慢。从 2007 年开始，厦门、宁波、昆明、彭州、茂名等规划中的多个 PX 项目相继停建或缓建。我国的 PX 缺口不断扩大，公众的不理解成为我国 PX 产业发展的最大挑战。无论政府、专家如何解释、证明，民众仍然坚持反对项目建设，对项目的反对发展到群体性、过敏性反应的现象被称为"PX 化"。"PX 化"是邻避运动的一种。邻避运动，指居民或当地单位因担心建设项目对身体健康、环境质量和资产价值等带来诸多负面影响，从而激发人们的嫌恶情结及采取的集体反对行为。

2020）》，核电新项目建设重新启动[1]。

在发展核电过程中，常常有两个目标，一是增加发电量，二是使用自主设计设备，促进核电技术发展。然而，这两个目标是冲突的。鉴于我国核电技术尚不完善，引进国外先进技术设备将有助于核电发电量的提高；但是依赖国外先进技术设备将不利于我国自主的核电技术发展。所以，在发展核电时要避免"一鱼两吃"。

目前，国际上运营中的核电站最新技术为第三代压水堆型核电站，包括改进型电厂（如 EPR[2]）和非能动型电厂（如 AP 1000），中国已引进 AP 1000 技术。AP 1000 由美国西屋公司开发，在 2002 年 3 月完成设计的预认证审查，在 2004 年12 月获得最终设计批准。而我国目前最先进的核电站技术为在 2014 年 11 月获得采用的"华龙一号"技术方案，由 AC P1000 和 ACPR 1000+两种技术融合而来，是我国自主研发的第三代核电技术路线。由此来看，我国第三代核电技术的发展比美国晚了约 10 年。另外，第四代核电技术已处于开发阶段，由美国能源部发起，并联合法国、英国、日本等 9 个国家共同研究，预计可在 2030 年左右投入应用。第四代核电技术将避免核分散，安全性高，核废料产生量少，具有更好的经济性。

鉴于我国核电技术与世界先进核电技术的差距，在发展核电的过程中，不应一味追求使用自主设计设备，要考虑到经济性、安全性，适当引入国际先进技术，提高发电量。

专栏　核电监管的国际经验

随着《能源发展战略行动计划（2014—2020 年）》的出台，我国核电工业逐步褪去日本福岛核事故的阴影，一批沿海核电工程重新启动，核电项目审批加快。在环境问题日益突出、能源革命强势推进的大背景下，我国发展核电对于保障能源安全、优化能源结构具有重大的战略意义。毫无疑问，核电安全监管是确保核能利用"安全第一"的重要保障。我国在借鉴了国际原子能机构的安全标准体系后，建立了相应的核电发展法规、安全监管步骤以及监管标准，并且保持着良好的核安全纪录，但现有监管体系仍存在法律体系不完整、监管体制不完善、监管队伍规模与能力不足等诸多问题，我国核能管理政府部门职责表见表 3-10。从国际上来看，核电发展已历经 60 多年，美、法、德、日等发达国家成为主要核电大国，其核电监管的实践经验和教训值得总结和借鉴，我国与其他国家核安全监管力量对比见表 3-11。下文即以美国、法国和俄罗斯为例，重点关注其核电安全监管的法律体系和监管制度的经验。

---

① 杨波，沈海滨. 中国核电发展现状及趋势[J]. 世界环境，2014，（3）：16-17.

② European pressurized reactor，即欧洲压水堆。

表 3-10　我国核能管理政府部门职责表

名称	隶属部门	职责
国家能源局	国家发改委	负责核电管理职能。负责核电管理，拟定核电发展规划、准入条件、技术标准并组织实施，提出核电布局和重大项目审核意见，组织协调和指导核电科研工作，组织核电厂事故应急管理工作
国家国防科技工业局	工业和信息化部	铀资源、核燃料、核技术主管机构。负责除核电之外的核燃料循环、军工核设施管理和国家核事故应急
国家核安全局	环境保护部	核安全监管和环境政策部门。负责核安全、辐射安全监督管理，反应堆操纵员资质管理等

资料来源：王伟，孔静怡.中国核电安全监管能力及其现代化[J].中国行政管理，2014，（10）：25-28

表 3-11　2007 年我国与其他国家核安全监管力量对比

国家	核电机组/个	监管人员/人	经费预算	平均每堆监管人员/人	平均每堆经费预算
美国	104	3 800	8.2 亿美元	36.5	788 万美元
法国	60	2 000	5.8 亿美元	33.3	967 万美元
日本	54	1 500	4.0 亿美元	27.8	740 万美元
加拿大	25	550	0.69 亿美元	22	276 万美元
中国	37	308	0.98 亿元	8.3	265 万元

资料来源：杨月巧，王挺，王玉梅.国外核安全监管探讨[J].防灾科技学院学报，2010，2：74-76

美国为世界第一核电大国，不仅拥有先进的核电技术，还建立了完善的核电安全监管体制。其监管经验如下：一是加强核电监管立法。美国在 1946 年制定并出台了《原子能法》，为核电安全监管体制构建提供了法律保障。二是设立独立权威的监管机构。1974 年美国成立核监管委员会（Nuclear Regulation Commission），其隶属于美国国会，与其他任何政府部门没有隶属关系，也不受其监督管理；委员会主席由总统直接任命，直接对总统负责；委员会对民用核能进行监管，全权负责美国核工业发展，享有准立法权和相应的行政权力，可以制定核反应堆运行规范、制定核废料处理规范、确定核放射保护标准等，而且具有颁发许可证、履行行政管理职能的权力等。三是加强行业协会和行业自律能力建设。1979 年美国成立了核电运营协会，作为加强行业自律的非盈利组织，赋予其监督美国核电安全的职责，由该协会制定核电站运营规范并以此作为定期评估单个核电站运营情况的依据，由此引入了第三方监督力量①。四是加强监管的技术和人员保障，包括成立核能研究所，分设地区性监督站，在各核电厂设有驻厂监督员，等等。

法国大规模发展核电始于 20 世纪 70 年代的石油危机，目前已发展成为世界第二核电大国。其监管经验如下：一是完善核电监管立法。法国已具备一系列完善的核电安全法律制度，涉及放射性保护、核设施管制、放射性物质与废物管理

---

① 王伟，孔静怡.中国核电安全监管能力及其现代化[J].中国行政管理，2014，（10）：25-28.

以及环境保护与核损害的第三方责任等。例如，1963 年制定了核设施监管制度方面的《重要核设施法令》；1966 年颁布《关于适用放射性保护的修订的欧洲原子能基本标准的法令》，该法在 1988 年修订，2002 年由《全面保护人体免受电离辐射法令》替代；此外，还在放射性物质与废物监管制度、核电与环境保护以及核损害的第三方责任等方面出台了具体法令。二是逐步建立了独立权威的核电管理和监管机构。1976 年成立的核外交政策理事会，负责有关核技术、设备和敏感核材料的出口政策制定；1991 年组建完全独立于废物生产单位的放射性废弃物管理局，负责放射性废物管理；2002 年法国政府依据法令重组核设施安全局为核安全与辐射防护总局，负责制定政府在核安全方面的政策以及相关工作实施；2006 年法国议会通过《核透明和安全法》，将核安全局设立为对法国议会负责的独立行政部门，全权负责核工业发展[①]。除了一套分工明确、职责分明并相互制衡的政府监管机构，法国的监管体系还包括大量非政府组织和学术团体。

　　俄罗斯是较早利用核能的核能大国之一。1986 年切尔诺贝利事故为前苏联（俄罗斯）核安全监管敲响了警钟，构建独立统一的核安全监管机构、完善核安全法规标准体系，成为前苏联（俄罗斯）核安全管理的重点[②]。目前，俄罗斯联邦生态及原子能署（又称联邦生态、科技和核安全监管局）统一负责核安全监管工作。它隶属于俄罗斯联邦政府自然资源和生态部，受联邦政府委托执行国家政策和发展规划，并制定核与辐射安全监管领域的法令法规(民用原子能的利用方面)，对原子能利用实施全面的核安全监管。俄罗斯联邦生态及原子能署的监管职能，涵盖核安全管理的各个方面，能够有效确保俄罗斯核安全管理的独立性和有效性。此外，俄罗斯拥有较为完善的核安全监管法规标准体系，分为三个层次：第一个层次由俄罗斯联邦宪法、国际公约、联邦法律以及由总统颁布实施的政府法律法规和技术法规组成，包括《原子能利用法》《居民辐射安全法》《放射性废料管理法》等，其中《放射性废料管理法》是俄罗斯在日本福岛核事故发生后出台的一部专门法律；第二个层次由俄罗斯核安全监管当局颁布、实施的原子能利用领域的联邦标准和条例、行政条例、指导文件及安全指南等特殊的技术法规组成；第三个层次则主要由非强制性的国家标准及企业标准等组成。俄罗斯的核安全立法涉及了核安全管理的不同层级和各个方面，为核安全监管提供有效的实体和程序保障[③]。

　　核安全事故具有广泛的影响性、后果处理的艰巨性和难以恢复性等特点。从美国和法国的核安全管理经验可以看到，核安全管理的特殊性决定了核安全监管必须从核能管理基本法出发，建立完善的核安全监管法规标准体系，以独立权威的核安全管理部门或机构为统一监管的主体，并着力加强核安全技术研究支持、

① 王伟，孔静怡.中国核电安全监管能力及其现代化[J].中国行政管理，2014，（10）：25-28.
② 袁达松.核安全管理国际经验及启示[J].环境保护，2013（Z1）：44-47.
③ 熊文彬，朱杰，王韶伟，等.俄罗斯核电安全监管体系及启示[J].辐射防护通讯，2012，（4）：23-28.

加强核安全监管人才队伍建设和加强核安全监管经费保障。此外，核安全文化建设、核安全监管信息平台建设与信息公开、核安全监管公众参与以及核安全监管国际合作等，也是我国核安全监管在未来亟须完善的地方。

三、能源革命的实现路径

通过对能源革命重点领域的特点分析，以及从已有改革措施的效果可以看出，当前能源领域传统的计划经济色彩浓重，各种能源问题产生的根源在于国家行政性垄断。行政性垄断引致价格的严格管制，市场无法有效发挥调节作用。而能源行业市场竞争机制的缺失会导致行业效率低下，定价机制受到管制又使能源价格整体偏低，这既不能完全反映其成本，也抑制了企业生产意愿，造成能源短缺现象时有发生。同时也诱发了寻租行为的滋生。而与国家过度管制相对应的是合理监管的缺失，过度的管制并未获得其预想的效果，而政府应管不管导致能源行业负外部性长期得不到纠正。长此已往，能源革命就将只是一纸空谈。推进能源革命必须从市场有效与政府有为入手：市场定位于有序竞争，形成合理价格；政府定位于监管监督，保证质量安全。二者互相配合、互相补充、互相协调。

专栏　那个种了别人田荒废自家地的政府

当前的能源价格，特别是国家发改委的油气定价机制，是一种模拟市场的定价机制。根据国际油气的成本价格，以进口原油的到岸成本为定价标准。这看起来是依据国际能源市场的价格变化，但最大的问题是，这个价格是模拟的，能准确吗？能比市场做得好吗？全世界大多数国家都是市场竞争，为什么中国要设计出一套模拟市场竞争呢？国家发改委经常给出的理由是关系国计民生，所以要管。但问题是什么不关乎国计民生呢？矿泉水也关乎国计民生，但是没有人管，也没见出大事情。当然，能源价格定价机制改革可能要复杂一些。同样是能源产业，煤价上涨就没有多少人埋怨，因为市场有办法应对问题。煤价已经从1998年的每吨200元，涨到2010年的每吨1 020元，电厂并没有担心，继续涨价就去进口。

能源价格改革的逻辑很简单，全世界比较成功的经验都是如此：第一步，先让市场起作用，形成真实的价格；第二步，外部性监管，如果对真实价格不满意，认为没有满足负外部性，可用税收杠杆调节加价；第三步，普遍性的公共服务，如果有贫困群体需要照顾，可以由民政部门出面，来购买服务，不要搞阶梯电价，纯粹给钱更好，而且我们的低保已经覆盖全国。这样一来决策逻辑就非常简单。以电力为例，首先，如果电厂竞争形成成本，大家都没话说。其次，如果认为以成本定价太低，不利于反映环境成本、解决污染问题，可以通过税收杠杆调整，交环境税、碳税都没关系，这取决于每千瓦时电的外部性成本。能源采掘和生产造成的负外部性，可以想办法复垦，办法很多。最后，有一点必须注意，如果市场均衡价格高，是七毛钱一度电，那和政府没关系，用得起就多用，如果贫困群体用不起，可以有其他办法。简单地说，能源价格如果没有反映外部性，那由价格司去管，如果需要保护穷人、提供普遍化服务，那由民政部去管，如果觉得需要消费交叉补贴，可以收补贴基金，就是普遍服务基金，这都可以。但要注意补贴措施导致的价格转移，企业有很强的加价能力。

国家发改委管定价，实际上就是揽责上身，政府在这方面典型的是种了市场的田，荒废了自家监管的地。如果放开市场准入，放开进口权、生产、销售，那么在市场组织方面，国家发改委干好一件事即可，就是反托拉斯。当市场出现寡头垄断时，要用反托拉斯法去管。以中国石油天然气股份有限公司（简称中石油）、中国石油化工集团公司（简称中石化）为例，两家企业垄断了产业链的上下游。中石油垄断了国内80%的油气长输管道，中石化拥有短输管道，所有油气都要通过这两家企业的管道，其他油气输入和油气零售都被迫退出市场。为什么页岩气现在没有人敢开发？如果开发了，怎么运出来？卖给谁？又要去求中石油。如果放开市场，大不了自己想办法解决。放开之后，国家发改委只要监控垄断即可。例如，处于上游的管道公司必须独立，对上对下都没有利益。此时的主要监管标准就是"不准欺负人"。油气领域的改革可以延续2002年电力体制改革办法。当年的电力体制改革是对的，但问题是"半拉子"。当时的逻辑很清楚，发电领域能拆分的就拆分，不能拆分的严格监管。成立国家电监会，监管国家电网，目标很简单。一方面，国家电网是独一买家，不能欺负卖家，因此不能让国家电网拥有除了调峰之外的发电企业，否则它就会欺负人。按照这个思路改革，国家电网在发电领域就没有利益，谁便宜就买谁。另一方面，国家电网又是独一卖家，所以要管输配电价。由国家电监会来监管，卖东西的时候就不让电网欺负人。此过程中，设计了一个电力的成本监管，这是必需的，否则就会无限加大自己的生产成本。所谓"半拉子"，首先输配电没有改革，如果输配电领域引入竞争，就可以把成本挖掘出来。现在没有竞争，电网说成本是多少就是多少。其次，中间多样化的服务没有挖掘出来。很多争议，如特高压等，国家电网也有委屈冤枉的地方。

能源价格改革的问题关键在于，政府要认识清楚，老百姓也要认识清楚，什么是政府真正应该管的事。国家发改委价格司的任务不是定价，而是测量每个能源产品的负外部性，这是技术活，应该和社政司合作，搞清楚每种能源的负外部性是多少，然后保证市场竞争。污染的测量技术，中国完全没有问题。过去我们常说污染治理，这是错误的，污染的重点在于预防。我们有最好的发电机组，污染预防做起来非常容易，国内也有做得很好的企业。说白了，政府的工作是什么？中国为什么污染问题这么严重，在线监测为什么搞不定？环境保护部有能力建设吗？政府现在是想干活，但没有人、没有设备、没有法源。今后，专门的监管机构、法源、设备是能源革命的必然内容。全面监测，配监测车辆，引进技术，实现环境保护部垂直管理，这并不是难事。国家发改委价格司一方面给环境保护部提供技术支持，另一方面通过价格调节需求。把环保问题从后期治理提升到前期预防，中央从文件发放者变成具体的公共服务提供者，投资人力、设备和技术，真正做监管。

（一）推进能源市场价格改革，实现市场化定价

如上面专栏所述，当前能源领域最大的问题在于，政府种了市场的田，荒废了自家监管的地。在接下来的能源革命中，政府应有所为有所不为。在简政放权的现阶段，政府应积极推进能源市场价格改革，让市场发挥作用，减少对价格的干预，实现能源价格的市场化定价。

明确价格改革并不等于涨价，而是逐步建立起反映市场供需关系、资源稀缺性与负外部性的定价机制。改革途径主要是引入竞争机制与实现能源品的全成本定价。引入竞争机制主要是指："凡是能由市场形成有效价格的都交给市场，政府不进行过度干预。推进水、石油、天然气、电力、交通、电信等领域价格改革，放开竞争性环节价格。"[①]引入竞争机制有利于全面反映市场供求关系、价格变动以及资源稀缺性，实现资源的优化配置，提高技术创新，进而促进环境污染的缓解。随着我国社会主义市场经济的逐步发展，能源领域的革命也必须正视竞争机制的作用，有竞争才有进步。全成本定价主要指让能源使用者与受益者负担能源使用的最终外部性成本。当前能源品的定价机制未能完全反映环境成本、全产业链的生产成本以及能源废料处理、风险等成本。由于这些成本的缺失所导致的潜在成本低估使能源使用的负外部性未能完全体现在能源价格之中，一方面容易导致环境污染、安全事故等一系列问题的产生。另一方面，价格过低使得企业没有动力进行生产与技术创新，造成能源供给紧张。具体而言，我国能源领域如何有效实行价格改革可以参见表3-12。

表3-12　能源领域价格改革手段

能源品	引入竞争	全成本定价
煤炭	电煤价格市场化	反应环境成本
油气	放开进口权，连通国内外两个市场	全产业链的生产成本
电力	竞价上网	
核电		体现核废料处理、核污染、核能利用风险等成本

1.煤炭价格

煤炭的价格改革需要实行全成本定价，煤炭成本不仅要包含生产成本，还要

---

① 《中共中央关于全面深化改革若干重大问题的决定》。

考虑煤炭整个生命周期所产生的环境外部性成本，即煤炭开采、运输及使用过程中，三废排放引起的三种负外部性，即环境污染、生态系统破坏、受益企业未承担的经济损失。有研究报告从生产、运输和使用全链条的角度核算煤炭的环境成本，计算 2010 年我国的煤炭环境成本为 204.76 元/吨，生产、运输和使用环节的环境成本分别为 67.68 元/吨、52.04 元/吨和 85.04 元/吨。其中，20% 左右的成本已通过环境税费的征收内部化了，剩下的 80% 未内部化的环境成本说明我国煤炭定价基本未反映出环境成本。所以，应当对煤炭价格实施全成本定价，加快推进生态保护税、环境税出台，实行资源税改革，让价格反映资源的稀缺性和环境治理成本，使能源使用者和受益者最终负担能源的外部性成本。

另外，煤电价格应真正落实价格联动机制。煤电价格当前难以并轨主要在于行政力量对重点合同价格的控制，因此，政府在此领域应有所不为，放弃自身干预权，让煤炭行业与电力行业能够完全按照市场价格进行竞争。对于所谓的煤炭行业应转向煤电一体化的观点，在当前煤电价格双轨制情况下，该提法忽视了市场竞争规律。

2.油气价格

油气价格的市场化改革首先应放开市场，减少干预。在成品油市场方面，首先要放开原油进口权，引入竞争机制，连通国内国外两个市场，把行业的国际竞争因素渗入国内价格形成过程中，这将对推动成品油产业升级产生积极意义。其次要放开油品定价，充分体现企业成本，同时成品油市场的内外沟通也是成品油价格市场化的重要手段。

在天然气市场方面，要放开竞争，将天然气价格与竞争燃料市场价格挂钩，在上、中、下游的价格中体现不同环节的成本特点，同时形成联动机制，发挥市场的调节作用，实现全产业链成本定价机制。

3.电力价格

发电侧当前存在众多的企业，电力市场存在竞争，在有充足的电力供给的前提下，应恢复实行竞价上网，并将其作为 2015 年电改的第一要务。同时将外部成本内部化，使价格能够反映其全部成本，为污染定价。并辅以脱硫脱硝技术和严格监控，淘汰低效率的发电机组，提高火力发电清洁度。对于交叉补贴这一具有争议性的政策，应维持交叉补贴这一中国式绿色红利（详见专栏）。

专栏 交叉补贴是中国特色的"双重红利"

"双重红利"假说认为开征环境税可以实现"双重"目标：一方面由于将环

境污染外部成本实现内部化，实现环境状况改善从而增加福利，即"绿色红利"；另一方面，可以利用环境税收收入来降低现行税制对资本和劳动产生的扭曲，从而通过减少税收系统的损失而增加福利，即"效率红利"①。

欧洲各国最早开始进行一系列环境税制改革。1991 年瑞典在开征环境税的同时，降低了公司税和个人所得税税率，使得两者占 GDP 的比重分别从 2.8% 和 22.5% 降低到 1.9% 和 19.5%；1996 年 10 月英国开征垃圾填埋税，每年收入达 4.5 亿英镑，用来降低 2% 的社会保险支出；自 1997 年起，芬兰减少的所得税和劳动税（1997 年减少 56 亿芬克）部分被新开征的生态税和能源税所补偿（1997 年增加 14 亿芬克）。从各国改革效果来看，绿色红利得到实现，各国环境质量有了明显改善。效率红利从短期看实现了就业红利但没有实现投资红利，究其原因可能是企业需要一定的时间周期来适应技术进步，从而引发短期的投资萎靡。不过从长期看投资红利同样增加，这意味着可以实现环境税的双重红利。

由于我国没有污染税，我国电力市场实行的交叉补贴，制度上安排企业承担高于其实际成本的价格，可以看做是一种中国模式的"环境税"，具有双重红利。我国电力企业利用在盈利领域（工业、商业）的收益来弥补在非盈利领域（居民）的亏损，是工业、商业电价对居民电价的交叉补贴。我国 52% 的工业能耗来自于高耗能产业。通过对高耗能、高污染的行业收取高电价，相当于对其征收了环境税，倒逼高耗能产业转型，实现绿色红利。而对居民实行低电价，实际是把从高耗能产业征收来的环境税，返还补贴给了居民，增加了居民福利，实现效率红利。只不过交叉补贴这个"环境税"没有经过税收系统，而是直接通过电网系统进行了再分配，电网充当了民政部、财政部的职能。几十年来中国一直在实行中国特色的双重红利，是否要改革现存的销售电价交叉补贴，实现电价市场化定价是一个需要重新审视的问题。市场化只是方向和手段，手段需要为目的服务，而不应该成为改革的目的。

专栏　竞价上网是电改 2015 年的第一要务

竞价上网是电力市场化改革的基本条件。其实现的前置条件有：①厂网分离。2002 年，国家电力公司拆分为中国国家电网公司和南方电网两大电网，以及中国华能集团公司、中国大唐集团公司、中国华电集团公司、中国国电集团公司和中国电力投资集团公司五大发电企业。②充足的电力供给。长期来看，我国电力行业在保障电力供给，满足全社会用电需要方面做出了巨大的贡献。

目前，我国各省地方政府自主制订其电力调度计划，并没有引入有效的市场竞争。而电力竞价上网可以通过市场竞争激励发电企业降低成本，提高生产效率。

---

① 郑新业，傅佳莎.电力交叉补贴是中国特色"双重红利"[N].中国能源报，2015-03-23.

从纵向看，我国发电煤耗从 1990 年的 392 克标准煤/千瓦时下降到 2011 年的 308 克标准煤/千瓦时；从横向看，和日本 2011 年的发电煤耗 294 克标准煤/千瓦时相比，我国的发电煤耗仍有降低的空间。更具体地，从不同煤耗发电企业的发电小时数看，发电煤耗最低的 10% 的机组，平均发电小时数为 5 145.7 小时，最大发电小时数为 8 139 小时，但其最小发电小时数仅为 193 小时，表明部分高效率的发电机组仍未能有效运转。然而，部分发电煤耗较高（大于 356 克标准煤/千瓦时）的机组最大发电小时数超过 8 300 小时，表明部分低效率的发电机组仍继续常年运转。为控制煤炭消费总量，主张淘汰发电效率较低的机组，而鼓励高效机组的投入和运转。从这一点出发，竞价上网是一个有利的倒逼机制。

但是，需要注意的是，电力竞价上网在刺激企业降低发电成本的同时，可能滋生企业通过减少发电污染物排放治理而降低其成本的行为，从而带来更为严重的环境和生态破坏。因此，需要严格监控发电企业脱硫脱硝项目的实施，作为电力竞价上网的配套措施，以在提高发电效率的同时，保障电力供给的清洁性。

以竞价上网为电改的第一要务，必须明确其实施可带来的好处及应付出的代价。在严格机组脱硫脱硝监管的辅助下，通过上网电价的竞争，倒逼电厂引入先进技术，提高生产效率，以降低发电成本，获得上网价格的优势。不可忽略的是，竞价上网会对企业产生优胜劣汰的后果。对于那些效率高的企业，工作小时数越多，发电量越高，利润也相应增加；反之，对于那些效率低的企业来说，如发电煤耗高于全国平均水平（308 克标准煤/千瓦时）的机组，将被压缩利润，带来损失。总的来说，通过竞价上网实现电厂企业的优胜劣汰、版图重塑，压缩电厂利润和淘汰落后产能是电改的必由之路。若为了这些落后产能而不搞竞价上网是对 13 亿人的不负责（本地污染），对地球人的不负责（二氧化碳）!

4.核电价格

在核电定价过程中，除了计算核电站的建设成本和运营成本，还应当把核废料的处理成本、核反应堆的退役成本以及核电的外部性成本纳入定价体系，实现全成本定价。其中，外部性成本不仅包括核电安全风险对公众和自然环境带来的外部性，还包括对核电设施采取的特殊军事防御、核电站引起的周边投资削减和针对核电安全的区域规划及基建投资带来的外部性成本。

考虑到核废料最终处置依然是世界性难题，核反应堆退役所需的巨大资金，核设施建设所带来的种种外部性成本，以及核事故一旦发生，对人体和环境造成的巨大损害，全成本定价后的核电价格应当会较高。

（二）加强监管力度，解决负外部性问题

针对市场失灵，政府应加强作为，积极推进各项改革与加大扶持监管力度。由于产权难以进行界定，能源市场通常难以靠自身之力来解决能源使用的负外部性问题，政府需要进行干预。政府应在以下四个方面积极发挥作用。

1.配套财税改革

财税改革主要体现为两个维度，一是实施增值税差别税率改革，将含碳能源品的增值税率从 17%上升到 30%，而将无碳能源品在税率从 17%降到 9%，以内生化能源品的正/负外部性。同时，降低普通商品的增值税率，以缓解价格冲击。以煤炭体制改革为例，煤炭的清洁利用是当下最重要的能源政策。要确保电力供应，重点放在生产侧。在现行的能源供给结构下，既要保证能源供给，又要好的环境，重中之重就应该是煤炭的清洁利用。促进煤炭的清洁利用要将经济激励与财政支持结合，建立健全煤炭清洁化利用技术的应用与推广示范机制。中央财政可以考虑成立煤炭清洁化利用发展基金，给予专项支持，同时加大对煤炭清洁利用的补贴力度，健全融资体系。此外，排污费返还、运用政府采购杠杆等方式引导企业开展清洁生产和利用也都是不错的经济类政策选择。另外，在电力行业的财税改革方面，课题组陈占明老师的前期研究表明，当普通商品的增值税率降到12%时，电价上涨将不会影响各地区的消费者价格指数。

财税改革的另一个维度是加征资源税，这既可以作为对使用自然资源所支付的费用，也可以看做是对环境污染和提供公共设施与服务的补偿。加征资源税所引起的能源价格变化并不像人们误以为的那样会对整体经济产生强烈冲击，事实上其产生的影响很小，在 2009 年的经济条件下，能源价格上升 1%全国 GDP 的损失约为 1 313 亿元，约为当年 GDP 总量的 0.36%，其中损失比例最大的是河南，为 0.39%，损失比例最小的是西藏，为 0.24%。因此，财税改革实施具有可行性。

2.实行补贴政策

补贴政策不仅包括财政补贴也包括企业交叉补贴。类似于税收手段，补贴政策不仅有助于保障不同地区、不同收入居民的能源使用问题，也有利于保证企业的正当获利，进而促进企业的技术革新。当前，我国为了鼓励新能源的开发和利用，从多个不同的方面对相关产业进行支持，主要有财政补贴和税收优惠，包括对新能源发电的装机设备和发电量补贴、新能源汽车的税收优惠等；对新能源产业配套设施的建设支持；对新能源产业发展的金融支撑和资金投入，如建立新能源金融信贷、加大研发经费的投入等。国家能源科技"十二五"规划新能源技术领域的重点任务为大型风力发电、高效大规模太阳能发电、大规模多能源互补发电、先进核能发电以及生物质能的高效利用。对新能源和可再生能源的相关发展支持主要体现在专项补贴、价格补贴和税收优惠等方面。针对风力发电，《风力发电设备产业化专项资金管理暂行办法》（财建〔2008〕476 号）规定财政部对满足支持条件企业的首 50 台风电机组，按每千瓦 600 元的标准予以补助。例如，1.5 兆瓦机型产品的整机及部件配套企业，其前 50 套产品将从财政部门得到共计 4 500 万元的补贴。对太阳能开发利用的支持主要有光伏发电上网电价，相对水电、火电和风电的发电成本而言较高，2008 年年底，在特定条件下的光伏发电成本降到 1.9 元/千瓦时左右[1]，仍依靠国家政策的补贴和税收优惠。此外，对太阳能光热利用的支持，如《可再生能源建筑应用专项资金管理暂行办法》，中央财政安排专项用于支持可再生能源建筑应用的资金。与生物质能相关的经济激励政策重点主要有以下几个方面。在开发方面，一是财政部已明确生物质能源原料基地建设补贴，对国家认定的能源林业、能源农业生产基地，每亩地给予 180 元以上的财政补贴（财政部《生物燃料和生物化工原料基地补贴办法》）。二是财政部对符合条件的农业秸秆收集加工企业给予 150 元/吨的补贴（《秸秆能源化利用补助资金管理暂行办法》财建〔2008〕735 号）。在价格补贴方面，对生物质发电在各地标杆电价的基础上给予 0.25 元/千瓦时的补贴；自 2007 年起，对部分亏损发电企业额外给予 0.10 元/千瓦时的财政补贴。此外，每年财政对生物质能的项目投资有数十亿元的补贴，有增值税和所得税上的部分优惠。除上述几种可再生能源补贴，财政对地热能、氢能同样有相关补贴。风力发电和生物质发电补贴差不多，平均值分别为 0.22 元/千瓦时和 0.24 元/千瓦时；太阳能发电的补贴远远高于风力和生物质发电，平均补贴高达 1.88 元/千瓦时，基本上是前两者的 8 倍左右。由此可见，为发展新能源和可再生能源，使其价格与化石能源具有竞争性，政府从政策上进行了大量的财政补贴，这个负担随着可再生能源比重的增加还会继续增大。

最后需要补充的一点就是，财政补贴虽然能够保证新能源价格不会过高，进而促进新能源的推广，但从长期来看，财政补贴会造成能源行业的歧视性对待问题。财政补贴只适用于短期内纠正能源消费失衡情况，但不适用于长期。

3.发展核电与新能源

核电作为一种燃值高、污染低的可再生能源，能够有效降低污染治理成本并优化经济结构。虽然我国核电发展迅速，但核电发电量依然仅能满足很小一部分电力需求（图 3-4）。2013 年全国累计发电量为 52 451 亿千瓦时，其中核电累计发电量为 1 107 亿千瓦时，仅占全国累计发电量的 2.11%。因此，应推动核电发展。

但在发展核电过程中，避免核电"PX 化"是第一要务。"PX 化"是邻避运动的一种，来源于我国公众反对 PX 项目立项、投产的群体性过敏反应。核电的"PX 化"即指公众对核电项目的反对发展到群体性、过敏性反应。若公众对核电项目的反对态度出现"PX 化"，将对核电发展产生非常不利的影响，并且可能引发社会不稳定。

---

① 《中国新能源与可再生能源年鉴》，2009 年。

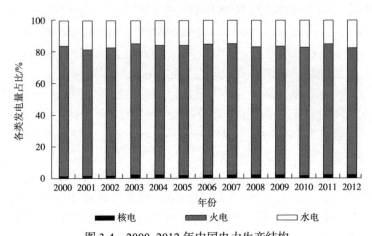

图 3-4　2000~2012 年中国电力生产结构

资料来源：2000~2011 年数据由国家统计局网站数据计算得出；

2012 年数据由《中国电力年鉴 2013》数据计算得出

相对于技术性风险，核电的 "PX 化" 更加与核电项目的感知性风险密切相关。感知性风险与公众对核电知识的了解、政府核电项目信息公开程度、公众对政府的信任度有关。更为重要的是，核电事故会对公众的感知性风险产生非常显著的影响。因此，在福岛第一核电站事故发生的情况下，我国更应该严防核电 "PX 化"。

为了避免核电的 "PX 化"，我国政府应当加强核能和核电知识宣传，并促进信息公开，加强风险沟通，重塑公众对核电的感知性风险，使公众的感知性风险尽量接近技术性风险，对核电项目有更清晰的认知。

另外，虽然我国的自主核电技术已经取得显著成效，但与世界先进核电技术相比依然存在差距。在发展核电的过程中，不应一味追求使用自主设计设备，还要考虑到经济性、安全性，适当引入国际先进技术，提高核电规模，避免 "一鱼两吃"。

类似于核能的发展，新能源虽然具备其他能源不可比拟的优点。但是，由于新能源成本较高，从新能源发电量和全社会新增用电量的历年趋势来看，新能源发电量在满足电力需求方面的作用有限。同时，政府为了鼓励新能源的建设，从政策上进行了大量的财政补贴，这个负担随着可再生能源比重的增加还会继续增大。因此，发展新能源需要政府的扶持与鼓励，但必须有个度。

4.重建政府监管体系

重建政府监管体系主要指建立符合可持续发展要求的现代能源监管体系。这需要从完善能源监管法律体系、优化能源监管职能、提升能源监管格局，促进能源监管工具革新四方面共同努力。法律完善能有效规范监督行为，职能的优化配置能提升监管执行能力，监管格局的提升能完善协调机制，而只有革新监管工具才能全面提高监管能力。可见，监管体系四维一体，缺一不可[1]。

（1）完备能源监管法律体系，规范监督行为。

从国际经验来看，能源立法是确立监管机构合法性的普遍做法，统一的能源法对能源监管机构的定位和监管体系的建设具有纲领性的作用。在我国能源立法的建设和完善中，需要对国家的能源管理体制、能源监管机构、能源管理部门及其职责、能源监管机构及其职责、能源市场等有一个明确的定位，也就需要一部既有综合性又突出重点、既有政策指导性又有法律规范性的、具有中国特色的能源基本法。在能源基本法之下，需要制定下位的能源管理法规、监管法规和能源市场发展条例，从而构建统一规范的能源监管法律体系，提高能源监管的执法能力和执行效力。然而，由于法律制定程序复杂、时间较长，在完善能源监管立法的过程中，可以参照已经实施的电力监管办法，先从制定相关的监管条例开始，待时机成熟再逐步过渡到国家基本法。与此同时，能源监管立法需要紧紧把握能源监管及其立法的发展规律，借鉴世界发达国家能源监管立法的先进经验。

（2）优化能源监管职能配置，调整监管机构设置。

我国的能源监管行政任务和职能的产生是基于确保国家能源安全、促进能源市场化改革、节约能源、提高能源效率和保持能源可持续发展的现实需要。在这一现实需要的基础上，产生了能源安全监管、能源市场监管、节能和能源效率监管、能源环境监管和可再生能源监管等具体的行政监管任务和职能。在现阶段，我国能源监管职能的配置应当处理好以下三对关系[1]：第一，能源监管机构和能源政策部门之间的职能配置关系；第二，能源监管机构和其他监管机构之间的职能配置关系；第三，中央能源监管机构和地方能源监管机构之间的职能配置关系。基于此，我国能源监管机构设置的基本思路如下：第一，设立独立、专业的能源监管机构是大势所趋，符合能源市场进一步发展的需要。监管机构的独立性是核心，是其有效履行监管职责的前提条件。第二，采取循序渐进的改革思路。我国能源监管机构改革的任务具有长期性和艰巨性，设置不同过渡方案是比较务实的，也需注重改革方案的可操作性。第三，根据能源监管的基本分类设置不同的监管机构，并充分考虑不同监管机构设置模式的优劣。第四，理想的方案是综合的能源监管机构模式。大多数学者意识到了对能源行业实施统一监管的重要性，因为这有利于形成和执行统一的能源监管政策，避免行业分割、监管职能相互冲突现象的发生。

（3）提升能源监管格局体系，完善监管协调机制。

---

[1] 郑新业.从现实出发重建能源监管体系[N].中国能源报，2015-03-16.

我国现代能源监管体系建设滞后，监管规则不完善，监管机构不健全，从而延缓了能源行业有效竞争格局的形成，使能源市场发展总体效率低下、服务价格不合理、行业发展受制约、消费者权益受损等问题得不到有效解决。只有建立现代监管体系，制定统一的市场准入规则和行业行为规范，才能够从根本上推进政府能源管理体制改革。

有效的能源监管还需要完善能源监管协调机制，加强各能源利益相关者之间的协调。我国各省市的经济发展程度不均衡，能源开发、生产和消费也处于不同的发展阶段。首先，需要科学确定能源监管权力的横向和纵向划分，在不同监管部门和监管机构之间合理分配监管权力。其次，更要加强不同监管机构之间的分工协作，特别是加强能源领域的上下游监管协调、加强能源产业的经济性监管和社会性监管的协调。再次，需要建立多层次、全方位的协作机制，如建立一些合作协调机构和会议制度，来协调各方的利益，解决可能会出现的矛盾和冲突。最后，还可以以不同门类能源的共性为基础、以不同门类能源之间的相互关系为协调的纽带，利用一体化的综合管理运行机制对不同门类的能源实行统一监管，以提高效率、降低成本。

（4）促进能源监管工具革新，全面提高监管能力。

党的十八届三中全会为能源市场化改革指明了方向，也对能源监管工作提出了更高要求。国家能源局在转变职能、简政放权的同时，必须加强对政策法规执行情况和市场行为的监管，及时矫正市场失灵，维护市场秩序，确保"权力和责任同步下放，调控和监管同步加强"。

促进能源监管工具的革新、实施多样化的管理手段是提高能源监管能力的重要环节。为了科学、合理、高效地实施能源监管，许多国家的政府都采用了强制与引导相结合，监管与开放相统一，立法、行政、经济等多种手段并用的监管方式。例如，加拿大政府在能源开发领域监管政策的基本目标是构建开放的市场框架，坚持效率与公平的原则，注重健康、安全和环保。在这一目标下，能源监管机构依据相关法律法规颁发市场准入许可证，并对所涉及的土地征用、环境保护、地下资源所有权收益、矿区使用权转让及相关居民利益等问题进行监督检查，而对开发投入、价格形成等则实行市场化运作。

除了监管工具的革新之外，加强能源监管能力建设还可以从以下几方面展开：第一，进一步建立和完善能源监管法律法规体系，及时修订相关规章制度，完善能源监管标准化工作机制，探索开展能源监管标准化工作，促进监管工作规范化。第二，理清监管工作程序，健全闭环监管工作机制，在规划、政策和项目核准等方面，形成制定、检查、反馈、处理、完善的闭环，实现能源管理与监管的有效衔接。第三，完善能源监管报告制度，定期发布年度基本监管报告和重点专项监管报告，披露问题，实施处罚，督促整改。第四，加强能源监管信息系统建设，建立能源企业定期报送能源供需信息制度，准确掌握能源供需情况。第五，加大能源监管学习培训力度，切实提高监管人员素质。

　　在防止煤炭事故的问题上，我国应学习其他地区监管的有效经验。例如，为了实施减灾方案，中国台湾"劳委会"就曾于2006年招募150名专案检查人力投入职业减灾工作，大幅提升检查质量，年均执行各项劳动检查达两万场次，有效拓展了防灾范畴，并督促生产单位落实了劳动法令。除此之外，减灾方案还包括协调跨部门共同减灾、提升防灾执行力、促进防灾合作伙伴关系、改善辅导机制、强化工安宣导行销、扩大防灾教育训练、健全职场防灾法规及制度等措施。也可以考虑加大先进设备与技术从国外的引进力度，并积极引入煤炭或电力进口，通过这些方式"挤出"国内不符合管理规范的不安全煤矿，从根本上减少事故发生。其他重要管理政策，还包括建立清洁生产数据库和信息系统，加强国家和地方清洁生产中心能力建设，推动清洁生产和利用逐步走向深入等。还要有步骤、有计划地进行法律法规完善，尽快制定相关法令，加快制定《清洁生产法》及其实施细则，使煤炭企业的清洁生产受到法律框架的规范指导。

　　就油气与电网这类自然垄断行业，政府应加强垄断监管，严格实施《反垄断法》。对于油气行业的监管，一方面要规范竞争，财务独立。在天然气生产、净化、输送、配送等不同环节进行独立计价，自主核算，并保证竞争的规范性。将井口价格与竞争燃料的价格联动，并在政府监管下，采取由市场供需调节输配送服务费率的定价方式。另一方面，严格监管，重视质量。在加强监管产品质量，对油品标准和标号进行准确识别规范，有效监控成本的同时，做好安全、质量等方面管道的整体运营监管，在经营权方面加强研究，解决好"最后一千米"的竞争问题。

　　对于电力行业监管，一要设立独立的电力监管机构，重建国家电监会组织体系，严格监管管理交易，制定并完善成本核算和监管的法律法规体系。我国电力体制改革的一个重要目标就是将政府对电力行业的宏观调控职能与经济监管职能相分离。要做到这一点，电力监管机构就应具有事前监管职能，具体到输配电成本监管方面，就应该将与定价相关的成本审核权等赋予电网监管机构。同时，还应当给予电力监管机构制定电力监管会计制度、根据需要对监管对象进行特殊审计等权力。高效率的输配电监管离不开电价核定、投资项目准入等核心权力，从政府职能配置的规范化和合理化要求出发，应逐步集中电力部门的监管职能，把成本的监管权和电价的制定权集中于同一个电力监管机构或部门。因此，设立专业的输配电成本外部监管机构，对于输配电成本监管工作的规范化、法制化以及提高监管效率都具有十分重要的意义。二要完善我国输配电成本监管体系，严格规范电网经营企业的输配电成本行为。输配电成本监管的目的：一是防止虚假成本的发生，尤其是电网企业把业务扩大到超出输配电业务的其他领域去；二是杜绝电网企业把增加的成本挤入电价转移给消费者的行为。监管机构要建立行之有效的输配电成本约束机制，明确输配电定价成本构成、归集办法以及主要指标核定标准，通过分开核算多种经营成本、跟踪监督关联交易、健全成本构成项目稽查、确定项目成本浮动区间、明确成本开支范围以及共同费用分配标准、建立激励机制等来完善输配电成本监管体系，保障会计信息披露的科学性、合理性和透明度。三要健全基层电力监管组织体系。由于我国地域辽阔、人口众多、电力行业规模庞大、电力服务量大面广、地区间电力发展和改革进展不平衡的特殊国情，出现了严重的监管缺位现象。应当健全基层电力监管组织体系，减少基层监管缺位、监管混乱的现象和"监管真空"。合理优化人员编制，既要满足组织电力改革的需要，又要稳步实施市场监管。优化监管人员结构，增加懂财务、审计、经济、法律等的复合型人才。四要消除信息不对称问题，防止电网经营企业获取高额垄断利润，保护消费者利益。与监管机构比较，被监管企业拥有更充分的成本信息，这些信息包括其生产的机会成本、提高质量的成本等。为了减少这种信息不对称，监管机构不光要建立完善的信息报告体系，更要通过制定与输配电技术特征密切相关的、翔实的成本规则，甄别信息的真实性，提高这些信息对监管的有用性。五要削弱电网经营企业因自然垄断属性导致的成本膨胀动机和 X 非效率，提高资源配置效率。建立健全电网企业输配电成本监管的激励机制，促使其主动降低成本，提高效率，防止和控制电网企业的过度投资，有效约束和控制输配电成本的不合理增长。借鉴英国在输配电成本监管环节，制定电力批发、输配电价格，设计激励机制引导合理电力投资的经验实践与做法，对于电网企业服务绩效（如创新、普遍服务、提高可靠性等）超过规定目标的，适当给予奖励，反之予以惩罚，充分调动电网企业自身的主动性与积极性。

专栏　能源监管的国际经验及启示

21 世纪以来，能源作为一种战略性资源，对一国的经济可持续发展和全球竞争力的提升具有十分重要的作用。因此，如何实施能源监管以发挥能源资源效用的最大化，成为世界各国政府工作的核心内容。为此，本专栏将结合国外能源监管的经验，从能源监管的配套法律、政策制定与执行以及机构的设置和能源机构之间的协作性四个方面（表 3-13），分析我国当前能源监管存在的问题和不足，并尝试给出建设性意见。

表 3-13　美国、欧盟、加拿大和中国的能源监管体制分析

国家	配备的能源法律	政策制定与监管职能	机构设置	机构间的协作性
美国	（1）基本法：《2005 能源政策法》和《2007 能源独立安全法》； （2）法律制定翔实完备，如《联邦电力法案》《天然气法案》《郊区风能开发法》等能源领域的各个方面； （3）紧随能源发展趋势进行立法，几乎每年都出现新的法案	设立独立的能源监管部门，即联邦能源监管委员会，独立制定政策； 设 14 个职能办公室，分工明确	（1）联邦能源监管委员会； （2）各州政府能源监管委员会； 二者之间是行政隶属关系，执行上相互独立	联邦政府与州政府，州政府与州政府之间相互协作
欧盟	（1）基本法：《2006 可持续、竞争和安全的欧洲能源战略》和《2007 欧洲能源政策书》； （2）法律制定侧重电力和天然气，分别为 2003/54/EC 条令（电力条令）、2003/55/EC 条令（天然气条令）	设立独立的能源监管部门，即欧盟能源监管委员会，是一个能源机构之间的信息交流平台，以促进能源监管工作的高效执行	（1）欧盟能源监管委员会和欧洲电力和天然气监管中心； （2）各成员国设立自己的能源监管委员会，相互独立	欧盟监管委员会提供信息交流与合作平台，机构间协调配合
加拿大	（1）基本法众多：《国家能源委员会法》《能源管理法》《能源下律法》《能源监测法》《能源供应应急法》等多部法律； （2）单行法：《石油资源法》《核能法》等各个领域	设立独立的能源监管部门，独立制定监管目标和监管政策； 下设执行办公室和 5 个专业部门	（1）联邦能源监管委员会； （2）省能源监管委员会，与联邦能源管理机构相互独立	联邦和省能源监管机构之间建立合作关系，以避免漏管或重复监管
中国	（1）缺乏能源基本法； （2）单行法设置改、废、立不及时，且相互间不配合	设立国家能源局，但在政策制定上受制约；职能分散，如发展规划司和煤炭司、天然气司等都需拟定发展规划，存在规划间的不匹配	（1）监管机构冗杂，分别管理煤、电、油、气等，没有统一； （2）设 6 个区域监管局和 12 个地区监管办公室[1]；隶属于国家能源局	各机构按行业划分，协作性差

1)：6 个区域监管局为华北、华南、东北、西北、华东、华中和南方；12 个地区监管办公室为山西、山东、甘肃、新疆、浙江、江苏、福建、河南、湖南、四川、云南、贵州

　　第一，我国配备的能源法律不完备。无论是美国、欧盟还是加拿大，都设有基本法，尤其是加拿大，其基本法包括《国家能源委员会法》《能源管理法》《能源下律法》《能源监测法》《能源供应应急法》等多部法律，十分翔实。相比之下，我国到目前为止还没有基本法，这使得能源监管无法可依，监管随意性很大。另外，在能源立法上，美国能够紧随能源发展趋势，适时制定相应的法律。例如，在天然气市场上，美国自 20 世纪 30 年代以来先后颁发了《天然气政策法》《菲利普斯决议》《联邦能源委员会 436 号文》等，并不断地进行调整。目前，美国在能源领域几乎每年都会有新的政策出现。而我国能源立法则表现得相对迟钝，能源立法的速度不能紧随实际发展的需要，立、改、废三种立法方式不能很好地结合。

　　第二，能源监管的政策制定受限、监管职能分散混淆。首先，与美国、欧盟和加拿大国家相同，我国也设有能源监管机构，即国家能源局，但不同的是，我

国的国家能源局在政策制定上止于拟订方案，具体还要受到政府的制约。其次，我国能源监管职能是按行业划分的，如煤炭监管归为煤炭司、电力监管归为电力司等，不同的监管部门都需要拟订该行业的规划方案。与此同时，国家能源局还设有发展规划司，拟定宏观上的能源规划。而宏微观职能的分开，使得最后拟定的规划可能存在相互冲突。

第三，能源监管机构设置分散。从国际经验来看，美国、加拿大和欧盟都设有统一的能源监管机构，并将不同能源领域的相同监管职能进行合并。例如，煤炭、天然气、电力行业的监管都需要收集信息，那么就可以通过设立单独的信息管理部门来执行，这样不仅实现了信息数据的统一化管理，还大大提高了监管效率。但是，我国目前仍然是按行业来设置监管机构的，这使得我国的监管机构多而分散。另外，考虑到地区发展差异的问题，我国也和上述国家一样设立了区域监管办公室，不过这些机构相互之间并不独立。

第四，能源机构间的协作性差。由于中央和地方都设立了监管机构，因此机构间沟通、交流和协作尤为重要。为此，美国的联邦政府会为州政府设立的监管机构提供相关的信息，并促进各州监管机构相互协作；欧盟、加拿大也采取了类似的措施。但是我国目前并没有采取促进机构间相互交流、合作的措施，机构之间的协调性差。

通过与美国、欧盟和加拿大国家的能源监管经验的对比，我们发现我国能源监管体制在上述四个方面还存在一些问题和不足，为此，我们可以借鉴上述国家的成功经验，对我国能源监管体制加以完善。

1.完备能源监管法律体系

能源立法是确立监管机构合法性的普遍做法，统一的能源法对能源监管机构的定位和监管体系的建设具有纲领性的作用。因此，我国需要尽快制定一部既有综合性又突出重点、既有政策指导性又有法律规范性的、具有中国特色的能源基本法。在能源基本法之下，需要制定下位的能源管理法规、监管法规和能源市场发展条例，从而构建统一规范的能源监管法律体系，提高能源监管的执法能力和执行效力。然而，由于法律制定程序复杂、时间较长，在完善能源监管立法的过程中，可以参照已经实施的电力监管办法，先从制定相关的监管条例开始，待时机成熟再逐步过渡到国家基本法。与此同时，能源监管立法需要紧紧把握能源监管及其立法的发展规律。

2.优化能源监管职能配置，调整监管机构设置

目前我国能源监管职能的分散混淆与监管机构的设置不合理是分不开的。笔者认为在能源监管机构设置上可以先采取一些过渡方案，如促进不同行业部门具有相同监管职能的工作人员的合作，或者相互调配使用，以促进信息的交流沟通等；然后逐渐抛弃传统的按行业划分的机构设置方式，将不同行业相同监管职能进行合并，按职能划分部门；最后归为一个独立的监管机构管理。

3.完善监管协调机制

不同于上述国家，由于我国地方能源监管机构隶属于中央，相互之间并不独立，因此需要科学确定能源监管权力的横向和纵向划分，在不同监管部门和监管机构之间合理分配监管权力。其次，要建立全方位、多层次的协作机制，如建立一些合作协调机构和会议制度，来协调各方的利益以解决可能会出现的矛盾和冲突，进而提高我国能源监管的整体能力。

专栏　以节能调度为治理环境污染的措施之一

2007年8月，国务院办公厅转发了国家发改委等四部门联合制定的《节能发电调度办法（试行）》，并确定率先在广东、江苏、河南、四川、贵州5省试行节能调度，以减少发电厂的能源消耗和污染物排放，节能发电调度与传统发电调度的比较见表3-14。

表3-14　节能发电调度与传统发电调度的比较

方式	传统发电调度	节能发电调度
前提	安全稳定运行、连续供电	安全稳定运行、连续供电
目标	安全	节能、环保
约束	安全约束	安全、经济、环境约束
标准	行政计划	能耗和污染物排放水平
原则	平均分配	优化配置
理论效果	高污染、高能耗	污染小、效率高

一般来说，传统的调度模式是在综合考虑各发电厂的运行特性、电厂在系统中的地位和作用、系统正常运行、系统调峰、调频以及负荷与事故备用的基础上，并在考虑合理的计划检修的容量后，安排各类型的机组的运行位置和发电量的。以往的"大平均"调度模式导致了高效环保的大火电机组、水电及核电等清洁能源机组的发电能力无法充分发挥，高污染、高能耗的小火电机组却能多发电的情况，造成了能源资源浪费和环境污染。

电力系统节能发电调度是指在保障电力可靠供应的前提下，按照节能经济的原则，优先调度可再生发电能源，按机组能耗和污染物排放水平由低到高排序，依次调用化石类发电资源，最大限度地减少能源资源消耗和污染物排放。节能调度的基本原则是以确保电力系统安全稳定运行和连续供电为前提，以节能环保为目标，通过对各类发电机组按能耗和污染物排放排序，以分省排序区域内优化区域间协调的方式，实施优化调度，并与电力市场建设工作相结合，充分发挥电力市场的作用，努力做到单位电能生产中能耗和污染物排放的最少。

从节能发电调度顺序上可以看出，传统的以煤为主的火力发电排在了很靠后的位置，这必将导致煤电在总电量中所占的比重有所下降，这就意味着有一部分火电厂发不上电，尤其是那些既不经济又不环保的小火电厂。从这一方面来看，这不仅能够提高非可再生能源的利用率，也能减少对环境的污染。而位于发电前列的发电类型则是以可再生能源为主，从长远来看，随着化石燃料的减少，可再生能源无疑是必然的选择，既符合经济性又符合环保要求，对我国经济的可持续发展具有重要意义。

就节能发电调度效果来说，以贵州省为例，2008 年 1 月贵州省开展节能发电调度试点工作以来，截至 2010 年 10 月，通过节能发电调度，全省共节约标准煤 283.1 万吨，单位发电标准煤耗减少了 10 克/千瓦时，减少二氧化碳排放 876 万吨，减少二氧化硫排放 370 万吨，平均脱硫率达 95.34%，节能发电调度对电力工业节能减排发挥了重要作用，在一定程度上可以部分解决能源危机和环境问题。

专栏　输配电成本监管的意义和挑战

输配电成本必须纳入电力监管，输配电成本信息披露需做出相应规定。其原因在于输电和配电无法通过市场竞争进行成本核定，具体又表现为以下几个方面：①电力作为准公共品，具有服务的普遍性，电力企业除了向低成本地区提供电力外，还需向高成本地区提供同样的电力。②电网企业经营属于典型的自然垄断，易导致内部成本外部化，增加消费者负担。③输配电成本的信息不对称问题：电网企业可以利用自身的信息优势高报成本，监管方却难以确定对电网企业的支付或补偿额度，这使电网企业可能会产生道德风险问题。④目前我国电力行业采取成本加成定价法，监管下完整、真实的成本信息是制定合理输配电价的基础。

输配电价是上网电价和销售电价的中间支点，独立的输配电价定价机制的确立是发挥市场配置资源作用在电力市场的重要体现，输配电成本监管具有重要意义。首先，在保障安全的前提下，通过监管输电网公平开放，增加用户用电选择权，有利于打破电网统购统销垄断格局，积极推进电价改革，建立独立的输配电价格机制，突破"市场煤、计划电"的困局。其次，政府部门和监管机构加强输配电成本监管，有利于促进电网企业建立健全内部成本管理制度，削弱电网企业成本膨胀动机，防止电网企业经营者将不合理的费用转嫁给消费者，保护消费者合法利益。再次，现行电力价格往往是电网企业与政府和监管部门博弈的结果，通过加强输配电成本监管，有利于提升电力定价的科学性、合理性和透明度。最后，实施输配电成本监管，有利于控制电网企业不合理成本的支出，有利于输配电成本信息的清晰透明和及时披露，这将有利于社会公众对电网企业的监督。

随着电力体制改革的推进，输配电成本监管的问题日益凸显，增加了电网企业监管难度。这集中表现为在以下几方面。

第一，监管主体地位不完善，包括监管法规不完善和监管权力不清晰。随着电力改革的不断深入，《中华人民共和国电力法》原先的立法环境发生了重大变化，在电力监管实践中存在着明显的历史局限性，特别是其对电力市场的建立运作以及开展有效竞争等内容涉及较少，对输配电垄断性企业约束性监管也较为匮乏，在履行其成本监管职能时仍存在相关法律、制度的真空地带。具体而言，一是输配电成本监管的法律效力亟待进一步提高。当前对电网企业不提供或提供虚假成本资料的行为，监管部门无法进行具体处罚。一些企业通过地方政府和行业主管部门向当地监管部门施加压力，给输配电成本监管工作带来了较大的阻力。二是输配电成本监管的考评、奖惩制度有待进一步健全。目前对在输配电成本监管过程中算"关系成本"、审"人情成本"的罚之无力，对廉洁廉政、责任心强、业务素质过硬的奖之有限，既妨碍了监管过程的公平公正，又影响了监管数据的真实准确性。现有监管法规没有明确电力监管机构的具体职权。我国电力监管机构职权配置存在职责不明、权责不一的分散现象，形成了"多头管理"局面，如国家发改委负责电力基建项目的审批，原国家电监会负责电力技改项目的审批。管理主体多元化，管理职能分散，破坏了监管职能系统性的设置和职能分工，造成了监管协调难度大、效率低、成本高的后果。

第二，缺乏对被监管企业过度投资和 X 非效率问题的有效制约。在信息不对称情况下，监管机构难以准确掌握电力企业真实准确的输配电成本，如果对其进行投资回报率管制，易导致"A-J 效应"和 X 非效率问题。但就目前我国施行的输配电成本监管法律法规及制度而言，几乎没有针对被监管企业过度投资和 X 非效率问题进行的有效制约方法，存在很大的监管漏洞。

第三，价格监管与成本监管互相分割。成本监管和价格监管是密不可分、相互依存的，对电网公司的输配电成本监管和价格监管需要"双管齐下"。但是，由于监管主体的混乱和监管职责的交叉，我国目前的监管体系不仅没有将二者很好地联系在一起，反而出现了价格监管与成本监管互相分割的局面，这不仅不利于对电网企业进行输配电成本监管，同时也不利于输配电价的合理制定和电力市场改革的稳步推进。

第四，输配电成本核算方法不完善。一方面，《输配电成本核算办法》虽然明确了电网企业的成本核算体系，对电网企业的成本对象、成本项目、科目设置也做出了具体的规定，但其仍然采用"大一统"式的核算方法，没有将输配电成本分开进行独立核算，对输配电成本核算规则的具体运用仅给出了原则性规定，对费用的种类划分也比较粗，这使得监管机构在判断输配电成本真实性上难度加大，难以发现输配电成本中存在的问题。另一方面，我国缺少按作业基础核定成本标准需要的基础成本数据，一直以来，我国电网企业按要素费用进行输配电成本核算，并没有按作业进行精细化核算。有极少数基层电网企业从成本管理角度出发尝试了进行作业成本核算，但对作业的划分、成本归属办法没有作统一规定，电网企业不能为监管机构提供作业基础的成本数据。目前各地电网公司的成本核定并无明确标准，由于地方性差异，地方电网一般是按照上级公司的要求或者公司会计习惯而制定、核算成本，所以应该统一成本核算标准，这样也利于输配电成本监管体系的实施和评比。

第五，输配电成本信息报送制度不健全。在我国现行的法律框架下，《输配电成本核算办法（试行）》《电力企业信息报送规定》及《电力企业信息披露规定》中都涉及了电力企业对电力监管机构的输配电成本信息报送，但仅仅局限于规定电网企业报送信息应当遵循真实、及时和透明的原则，缺乏更加详细、实际的信息报送具体规定。总体而言，电网企业成本报表报送不及时，比较分析不全面，报送质量较低，成本信息缺乏透明度，为输配电成本监管带来许多阻碍。因此，监管机构应加强电力监管法规和制度的建设，通过法律法规明确国家能源局的会计监管职能。通过制定电力监管会计制度缓解输配电企业和监管机构之间的信息不对称问题，使监管者获得全面的监管信息，发挥输配电成本信息的基础作用。同时，电力监管机构应该基于自身对输配电成本信息的需求，组织研究并制定一套专门的成本报告规则（包括关键术语定义、成本分类、成本归集与分配的原则、输配电成本数据图表及模板等方面的内容），用于加强对报送的输配电成本信息质量的有效控制。此外，现行的信息披露在核算办法和报送表单上，应增加电网企业各成本项目的构成及发生明细，及时反映电网企业输配电成本的结构变化，掌握电网企业真实成本状况，进一步优化输配电成本的信息披露，为输配电成本监管提供信息支持。

第六，输配电成本监管方法、监管工具匮乏。在原国家电监会成立时间较短、电力监管机构的监管权责配置不齐全、电网企业输配电成本核算不精准的情况下，输配电成本监管的工作开展不仅缺乏系统深入的理论研究，而且缺乏可借鉴的实践经验。在输配电成本监管上，电力监管机构的主要工作是对电网企业报送的输配电成本报表进行分析，但从实际来看，监管机构对数据的深层次分析还比较缺乏，对输配电成本的监管还没有形成全面、系统的方法。

第七，输配电成本监管经验不够丰富。一方面，输配电成本监管的直接经验少。由于输配电成本监管涉及面广，短期内难以将其全面厘清，不能完全掌握当地行业平均成本，对社会平均成本更是缺乏理性的认识，往往是依据电网企业提供的资料去审核，工作较为被动。另一方面，输配电成本监管的间接经验少。由于各地输配电成本监管机构缺乏长效配合、交流机制，各地输配电成本核算的标准和要求参差不齐，工作动态不能互通有无，监审材料不能资源共享。与此同时，输配电成本监管人员素质不能满足成本监审工作的需要。这具体表现在以下三个方面：一是法律知识较为缺乏，对输配电成本监管一般技术规范和行业成本监管办法的掌握不全面；二是专业知识较为匮乏，对经济管理、成本会计、核算方法不能融会贯通；三是微机操作、文字综合能力较弱，工作效率和质量不高。

对于核电监管，根据国际经验，核电监管需要两部基本法律作为其发展之立脚石。一是建立基本法"原子能法"，以明确相关主体权责；二是完善专门法"核安全法"与基本法相配套，以明确核电各环节要求。不同于其他能源，核电全生命周期的任何事故都有可能会对社会与公共安全造成巨大破坏。因此，核电发展离不开独立而特殊的纵向一体化监管。由于核反应堆是核辐射的主要来源，核反应堆监管应为监管核心。同时，应完善核电应急机制，将应急管理作为日常监管的重要延伸。

随着能源管理体制改革的不断推进、能源行业的不断发展，能源监管成为大势所趋。在这方面，我国需要结合国外的成功经验，从实际出发，通过不断创新体制，积极建立起符合能源可持续发展要求的监管制度和现代管理体制，进而提高政府能源管理效能和监管能力。

在能源革命的新时代，大气污染治理、煤电升级改造、能源国际合作、简政放权是 2014 年的关键词。2015 年是"十二五"收官之年，也是"十三五"谋划之年，推进能源生产和消费革命仍是能源领域的总基调。我国能源发展战略需要从世界主要国家能源转型探索启示，积极构建我国能源革命的总体目标和思路，建立总量平衡、结构多元化、开放大循环、效率较高、系统自适应以及开发和利用可持续的现代能源体系，实现从高碳到低碳、从低效到高效、从污染到绿色的能源可持续发展。

在能源革命中，技术革命和体制改革是保障，转变经济发展方式是重点和难点，两者又与能源革命互为前提、互相推动。在保障能源供应与减少环境污染的双重目标之下，能源革命应涉及能源政策体系、价格体系和市场化多方面改革，其基本思路在于："把市场的交给市场、把政府的收归政府"——大力推进煤炭清洁高效利用，着力发展非煤能源，科学规划煤、电、油、气、核能及新能源的发展利用；还原能源商品属性，有序放开竞争性环节价格，构建有效竞争的市场结构和市场体系，使能源价格主要由市场决定；转变能源的监管方式，建立健全能源法治体系，建立专业、高效的监管体系，全面提升能源监管能力。

参考文献

白建华.2010-01-26.构筑坚强智能的综合能源供应体系[N].经济日报.

白洋.2013.从三次能源立法看美国能源政策演变[J]. 经济研究导刊，4：132-134.

陈宝森.2011.当代美国经济[M].北京：社会科学文献出版社.

陈丹，林明彻，杨富强.2014.制定和实施全国煤炭消费总量控制方案[J].中国能源，36（4）：20-24.

陈功.2011-03-11.考量核电成本要用全面视角[N]. 证券时报.

陈海嵩.2009.能源问题及能源政策探析[J].德国研究，24（1）：9-16，78.

陈潇君，孙亚梅，杨金田，等.2013.构建区域煤炭消费总量控制框架[J].环境保护，41（8）：19-22.

陈英姿，李雨潼.2009.低碳经济与我国区域能源利用研究[J]. 吉林大学社会科学学报，49（2）：66-73.

"城市燃气价格改革研究"课题组.2014.欧盟城市燃气价格改革启示及借鉴[J].经济研究参考，13：69-76.

崔和瑞，王娣.2010.基于 VAR 模型的我国能源—经济—环境（3E）系统研究[J]. 北京理工大学学报（社会科学版），（1）：23-28.

德国联邦经济和技术部.2010.德国的能源转型：携带安全的、可支付的和环保的能源进入 2050年[EB/OL].http://www.china.diplo.de/contentblob/3723908/Daten/2816916/121106energiewendedd.pdf.

邓小平.1980.就起草《关于建国以来党的若干历史问题的决议》、编制长期规划等问题的谈话[R].

邓郁松.2015-05-12.国际能源结构演进之启示[EB/OL].http://www.cet.com.cn/wzsy/gysd/1537842.shtml.

董娟.2014.国际能源结构转型趋势及典型路径比较分析[J].中外能源，10：13-20.

法兰克尔 J，奥萨格 P.2003.美国 90 年代经济政策[M].徐卫宇译.北京：中信出版社.

方梦祥.2009.能源与环境系统工程概论[M].北京：中国电力出版社.

高孝欣.2012.金融对能源产业发展的影响研究[D].湖南大学硕士学位论文.

郭基伟，汪晓露.2014.德国能源转型的经验、挑战及其启示[J]. 全球科技经济瞭望，（1）：72-76.

国家电力监管委员会.2008.全国企业自备电厂情况通报[R].

国家可再生能源中心.2013.国际可再生能源发展报告[R].

国务院办公厅.2014.国务院办公厅关于印发能源发展战略行动计划（2014—2010 年）的通知[R].

国务院发展研究中心"新型工业化道路研究"课题组，李佐军.2003.美国工业化特点及对我国的借鉴意义[J].新经济导刊，（Z4）：126-127.

国务院新闻办公室.2008.中国的能源状况与政策[J].资源与人居环境，（4）：18-25.

韩毅.2007.美国工业现代化的历史进程[M].北京：经济科学出版社.

胡晓菁.2006.关于大庆油田的发现之争[J].科学文化评论，3（2）：66-84.

环境保护部.2014-03-25.环境保护部发布 2013 年重点区域和 74 个城市空气质量状况[EB/OL].http://www.zhb.gov.cn/gkml/hbb/qt/201403/t20140325_269648.htm.

黄海萍.2007.基于 BP 神经网络的中国电力需求预测[J]. 科学技术与工程，4：612-613，616.

黄毅诚.1989.谈谈我国能源工业中期发展战略[J].中国能源，（1）：1-6.

姜广君.2011.我国能源运输通道体系综合评价及优化研究[D].中国矿业大学博士学位论文.

金永男.2012.日本低碳经济政策践行及对我国的启示[D].东北财经大学硕士学位论文.

景春梅,苗轫,刘满平.2014.欧盟城市燃气价格的三次改革[J].价格与市场,(6):43-44.

柯林斯 J,摩尔 M,约翰逊 K.2010.洞察和把握未来能源体系的机遇[J].国际石油经济,(12):18-26.

雷夏丽,韩海燕.2011.我国能源进出口贸易分析[J].中国商贸,(7):102-103.

李钢,董敏杰,沈可挺.2012.强化环境管制政策对中国经济的影响——基于 CGE 模型的评估[J].中国工业经济,(11):5-17.

李洁.2012.中国能源强度与经济结构关系的数量研究[D].西南财经大学博士学位论文.

李连德,王青,刘浩.2007.中国一次能源供应多样性研究[J].中国矿业,12:1-4,11.

李亮,孙廷容,黄强,等.2005.灰色 GM(1,1)和神经网络组合的能源预测模型[J].能源研究与利用,1:10-13.

李娜,石敏俊,袁永娜.2010.低碳经济政策对区域发展格局演进的影响——基于动态多区域 CGE 模型的模拟分析[J].地理学报,(12):569-1580.

李文华.2013.新时期国家能源发展战略问题研究[D].南开大学博士学位论文.

李霞.2013.我国能源综合利用效率评价指标体系及应用研究[D].中国地质大学(北京)博士学位论文.

李治国,周德田.2013.基于 VAR 模型的经济增长与环境污染关系实证分析——以山东省为例[J].企业经济,(8):11-16.

廖建凯.2010.德国气候保护与能源政策的演进[J].世界环境,(4):54-57.

林伯强.2003.结构变化、效率改进与能源需求预测——以中国电力行业为例[J].经济研究,5:57-65,93.

林伯强,杜立民.2010.中国战略石油储备的最优规模[J].世界经济,(8):72-92.

刘昊.2012.中小城镇能源体系规划方法研究[D].西安建筑科技大学硕士学位论文.

刘兰凤.2007.中国能源需求实证分析[D].广东外语外贸大学硕士学位论文.

刘硕.2012.当代我国经济发展方式转变研究[D].山东轻工业学院硕士学位论文.

刘小敏,付加锋.2011.基于 CGE 模型的 2020 年中国碳排放强度目标分析[J].资源科学,(4):634-639.

卢二坡.2005.我国能源需求预测模型研究[J].统计与决策,20:31-33.

鲁娴婷,杨再福.2011.低碳经济在中国的发展与对策探讨[J].环境保护与循环经济,10:24-27.

陆华,周浩.2004.发电厂的环境成本分析[J].环境保护,4:51-54.

罗欢欢,袁端端.2014-06-19.核电不是必要的恶魔——访国务院发展研究中心研究员王亦楠[N].南方周末.

罗鑫,张粒子,李才华.2006.国际上鼓励可再生能源发电制度的利弊分析[J].可再生能源,4:3-6.

马宝玲.2014.中国天然气市场化改革的理论与实证研究[D].对外经济贸易大学博士学位论文.

马莉,杨素,魏哲.2014.日本电改"三步走"[J].国家电网,4:58-60.

梅雪芹.2000.工业革命以来西方主要国家环境污染与治理的历史考察[J].世界历史,(6):20-28.

綦树利.2012.深化电力体制改革的几个问题[J].宏观经济管理,7:21-23,27.

潜旭明.2010.美国的国际能源战略研究[D].复旦大学博士学位论文.

秦静.2011.农村能源系统评价指标与方法研究[D].兰州大学博士学位论文.

阙光辉.2007.日本电力市场化改革最新进展及启示[J].电力技术经济，3：9-13.

佘群芝.2008.环境库兹涅茨曲线的理论批评综论[J].中南财经政法大学学报，1：20-26.

盛娟.2005.中国经济的 CGE 模型及政策模拟[D].中国人民大学硕士学位论文.

苏小龙.2013.中国高碳能源向低碳能源转型问题研究[D].浙江理工大学硕士学位论文.

孙宁鸿，Schmitz T D.2012.德国实现能源转型的措施与挑战[J].中国能源，34（3）：11-14.

孙万菊.2009.日本能源战略及对我国的启示[J].理论前沿，（13）：30-31.

孙昱淇.2013.我国产业结构与就业结构演变及关系实证研究[D].吉林大学博士学位论文.

唐志良，刘建江.2013.再工业化战略下的美国能源体系转型[J].经济地理，（11）：104-110.

陶小康.2003-09-14.建立清洁、安全、高效的能源供应体系[N].大众科技报.

王波.2006.美国石油政策研究[D].外交学院博士学位论文.

王磊，龙汶.2008.电力市场电价预测方法概述[J].中国西部科技，（5）：21-22.

王立杰，孙继湖.2002.基于灰色系统理论的煤炭需求预测模型[J].煤炭学报，3：333-336.

王韶华.2013.基于低碳经济的我国能源结构优化研究[D].哈尔滨工程大学博士学位论文.

王伟，孔静怡.2014.中国核电安全监管能力及其现代化[J].中国行政管理，10：25-28.

王晓春.2005.德国电力体制改革及电力市场介绍[J].内蒙古石油化工，（2）：50-54.

王旭辉.2015-01-26.南网将确保深圳电价改革措施落实到位[N].中国能源报.

魏楚，黄滢，郭珄.2014.南北供暖之争：基于家庭问卷数据的研究[R].中国人民大学发展与战略研究院报告.

魏巍贤.2009.基于 CGE 模型的中国能源环境政策分析[J].统计研究，（7）：3-13.

魏一鸣，廖华，范英.2007."十一五"期间我国能源需求及节能潜力预测[J].中国科学院院刊，1：20-25.

温家宝.2010-04-23.国家能源委员会第一次全体会议上的讲话[N].人民日报.

吴峰虎.2011.自备电厂发展中的若干问题综述[J].科技传播，（21）：97-98.

吴星.2014-01-13.构建智慧城市能源供应体系[N].北京日报.

吴振信，薛冰，王书平.2011.基于 VAR 模型的油价波动对我国经济影响分析[J].中国管理科学，（1）：21-28.

伍亚，张立.2011.中国经济发展中能源需求增长的驱动因素研究[J].经济问题探索，12：7-14.

希尔 H.2013.能源变革最终的挑战[M].王乾坤译.北京：人民邮电出版社.

夏义善.2006.论中国的能源安全战略[J].中外能源，11（1）：1-5.

肖宏伟.2015.城镇化进程中的能源供应体系变革研究[J].发展研究，2：13-15.

谢毅，陈也清，曹琰.2008-03-12.加快建立市场化能源供应体系[N].中国电力报.

熊文彬，朱杰，王韶伟，等.2012.俄罗斯核电安全监管体系及启示[J].辐射防护通讯，（4）：23-28.

徐纪贵.2003.德国能源政策浅析[J].德国研究，18（3）：24-28.

徐铭辰，岑况，李建武，等.2011.基于倒"U"形规律的中国未来 10 年能源需求预测[J].资源与产业，5：10-15.

徐庭娅.2014.德国电价上涨对其能源转型的影响及对我国的借鉴作用[J].中国物价，（3）：77-80.

许子智，曾鸣.2011.美国电力市场发展分析及对我国电力市场建设的启示[J].电网技术，6：161-166.

杨波，沈海滨.2014.中国核电发展现状及趋势[J].世界环境，3：16-17.

杨军.2015.北京市交通拥堵治理政策实证分析[D].北京大学博士学位论文.

杨维新.2014.中国能源体系所面临的风险与对策分析[J].经济问题探索，（8）：37-42.

杨月巧，王挺，王玉梅.2010.国外核安全监管探讨[J].防灾科技学院学报，2：74-76.

姚丛笑.2010.我国能源生产结构优化研究[D].长春理工大学硕士学位论文.

尹晓亮.2012.日本能源外交与能源安全评析[J].外交评论，（6）：82-98.

于超，谭忠富，姜海洋.2007.我国能源消费与经济增长的灰色关联分析及能源预测[J].电力学报，4：424-427，431.

余一中.2011.切尔诺贝利核事故背后的真相[J].科学大观园，（9）：68-69.

袁达松.2013.核安全管理国际经验及启示[J].环境保护，（Z1）：44-47.

袁嫣.2013.基于 CGE 模型定量探析碳关税对我国经济的影响[J].国际贸易问题，（2）：92-99.

曾鸣.2014.实现清洁能源转型的两个关键[J].中国电力企业管理，（21）：23-25.

曾鸣，薛松，魏阳，等.2012.低碳智慧岛能源体系设计及经济可靠性评价模型[J].电力自动化设备，（12）：58-63.

曾胜.2011.中国能源消费、经济增长与能源需求预测的研究[J].管理评论，2：38-44.

张斌.2014.德国能源转型战略及启示[J]. 中国电力企业管理，（15）：50-53.

张国宝.2009.转变发展方式 加快结构调整 构筑我国能源供应体系[J].宏观经济管理，（4）：8-11.

张宁.2007.城市能源供应的生态化评价研究[D].大连理工大学硕士学位论文.

张宁，戴大双，谢猛.2007.城市能源供应的生态化评价研究[J].沿海企业与科技，（5）：31-33.

张茜黄.2006.切尔诺贝利 20 年[J]. 北方文学，（10）：56-69.

张勤，杨孝青.2008.我国石油供应现状及其安全战略体系构建[J].经济前沿，（5）：19-23.

张小曳，孙俊英，王亚强，等.2013.我国雾霾成因及其治理的思考[J].科学通报，13：1178-1187.

张亚琴.2014.行业收入差距问题研究：基于 A 市城镇职工劳动工资统计数据的分析[D].重庆师范大学硕士学位论文.

张有生.2014.我国能源安全形势与战略[J].电器工业，9：21-32.

张运洲，张风营，李德波.2007.我国未来煤炭供应能力预测研究[J].中国电力，（11）：9-14.

赵营波.2011-06-16.还原核电成本原貌[N].中国社会科学报.

赵中华.2007.中国城市清洁能源评价方法研究[D].北京化工大学硕士学位论文.

郑新业.2015-03-16.从现实出发重建能源监管体系[N].中国能源报.

郑新业，傅佳莎.2015-03-23.电力交叉补贴是中国特色"双重红利"[N].中国能源报.

中国核能行业协会.2014.2013 年年度全国核电运行情况[R].

中国人民大学课题组.2013.2020 年全面建成小康社会的能能源消费指标解读[R].

中国水利部农电局.2004.美国电力体制改革[J].农电管理，4：43-44.

周海鸥.2009.低碳经济在中国发展前景广阔[J].中国水能及电气化，11：46-50.

周小谦.2013-11-09.正确把握电力市场化改革方向[N].经济参考网.

周旭峰.2013.中国工业化进程中的金融先导战略研究[D].山西财经大学博士学位论文.

朱成章.2011.英国电力改革 20 年引发的思考[J].中外能源，4：7-13.

朱法华，王圣.2012.如何推动我国煤炭消费总量控制[J].环境保护，（12）：37-40.

朱训.2003.实行全球能源战略 建立全球供应体系[J].国际石油经济，（4）：5-11，63.

竹俊.2007.美国能源政策的变化及对我国的影响和启示[J].宝鸡文理学院学报（社会科学版），1：32-36.

邹艳芬.2013.中国能源利用效率测度的国际对比研究[J].资源科学，11：2131-2141.

Baev P K.2006.Reevaluating the risks of terrorist attacks against energy infrastructure in

Eurasia[J].China and Eurasia Forum Quarterly，4（2）：33-38.

Crompton P，Wu Y.2005.Energy consumption in China：past trends and future directions. Energy Economics，27（1）：195-208.

Dicks A L，Diniz da，Costa J C，Simpson A，et al.2014.Fuel cells，hydrogen and energy supply in Australia[J].Journal of Power Sources，（131）：1-12.

Fritzsche A F.1992.Severe accidents：can they occur only in the nuclear production of electricity?[J].Risk Analysis，12（3）：327-329.

Giroux J，Burgherr P，Melkunaite L.2013.Research note on the energy infrastructure attack database （EIAD）[J].Perspectives on Terrorism，7（6）：113-125.

Hirschberg S，Burgherr P，Spiekerman G，et al.2004.Severe accidents in the energy sector： comparative perspective[J].Journal of Hazardous Materials，111（1）：57-65.

Huang L，Zhou Y，Han Y T，et al.2013.Effect of the Fukushima nuclear accident on the risk perception of residents near a nuclear power plant in China[J].PANS，（3）：9742-19747.

Hughes T P. 2004. Human Built World：How to Think About Technology and Culture. Chicago:University of Chicago Press.

König A.2011.Cost efficient utilization of biomass in the german energy system in the context of energy and environmental policies[J].Energy Policy，39（2）：628-636.

Lin B，Ouyang X.2014.Energy demand in China：comparison of characteristics between the US and China in rapid urbanization stage[J]. Energy Conversion & Management，79:128-139.

Luciani G.2011.Armed conflicts and security of oil and gas supplies[C].CEPS Working Document.

Mesarić J，Segetlija Z，Dujak D.2012.Energy supply chains-trends and challenges of growing energy demands，energy efficiency，alternative energy resources and environmental sustai-nability[C].ICIL.

Orecchini F.2006.A technological solution for an everywhere-energy supply with sun，hydrogen，and fuel cells[J].Journal of Fuel Cell Science and Technology，（3）：75-82.

Parfomak P W.2013.Keeping America's pipelines safe and secure：key issues for congress[R].CRS Report for Congress.

Sarucan A.2015.A cost-efficient and environmental-restricted optimization of the Turkish energy supply system [J].Energy Sources Part B：Economics，Planning & Policy，10（1）：1-7.

Song Q N.2013.Study on the mechanism for profit distribution in energy supply chain[J].Advanced Materials Research，734-737：1772-1780

Sovacool B K.2008.The costs of failure：a preliminary assessment of major energy accidents，1907—2007[J].Energy Policy，36（5）：1802-1820.

Stower J.2004.Vulnerability of the United States' oil supply to terrorist attack[R]. Subject Area Topical Issues.

Tenner E.1996.Why things bite back：technology and the revenge of unintended consequences [J].Journal of Nervous & Mental Disease，185（7）：709-715.

Toft P，Duero A，Bieliauskas A.2010.Terrorist targeting and energy security[J].Energy Policy，38（8）：4411-4421.

Zhu L P，Zhang Y，Zhu X L.2014.Study on the profit distribution in green supply chain system based on cooperative mode[C].ICEEIM.